The Common Science behind The World

李峥嵘 —— 著

司空不见惯：

剥开洋葱里的层层世界

中国工人出版社

推荐序

知趣、智趣、理趣和情趣

尹传红（《科普时报》总编辑、中国科普作家协会常务副秘书长）

20 年前初识峥嵘，当时她还是一个刚刚进入科学阅读报道领域的青年记者，我们时常在一些科学读物的研讨会上见面。犹记得，2004 年我们一起赴湖南长沙，参加科学出版研讨活动，火车上一路畅聊科学阅读和科学人物，甚为愉快。会后同往岳麓书院观览，我还用书院门口的一副对联“为楚有才，于斯为盛”跟她开玩笑。她也笑我自夸，因为她是土生土长的湖南人，而我祖籍湖南。

同游鬼斧神工的张家界，我们为之陶醉，间或摆开龙门阵，从当地风土民情、古人留下的诗词歌赋，说到景致特异的喀斯特熔岩地貌，又不约而同地回味起英国生物学家理查德·道金斯对自然的赞叹：星空、落日这等梦幻般的自然奇观，都有着诗意的魔力。这亦让我们震撼，并颇有同感：科学其实也有着这样的魔力，等待我们去发掘，去探究。我们都有心用自己的文字来描摹科学的奇观，传递科学的精神。

接下来，我们开始了漫长的合作。

最初的契机，是峥嵘所供职的北京晚报社要加强科学报道力度，受她邀约，我在晚报副刊开设了每周一出的“身边的科学”专栏。作为版面编辑的峥嵘，为此特别用心地帮我进行了设计，我们通过电话、邮件反复商讨并形成共识：专栏文章虽然谈的是科学，一般有个科学的主线，但又不应局限于仅仅谈科学。应尽可能地多一些人文的色彩、思想的内涵：既有前沿的知识和看点，又有思辨精神及启迪意义。

在合作中，我真切感受到了峥嵘思想的敏锐、学养的厚实，还有对工作的热忱。那一时期，她隔三岔五给我发信息，为我提供选题线索，希望我能从某个突发的、公众关切的新闻事件中找到一个科学视点，铺展开来进行解读。即是从科学与人文的视角切入思考问题，并探索一种通俗化、趣味性的表达方式。这些文章经由峥嵘巧手编排，显出了十分浓郁的科学人文味道，从她精心修改、制作的标题便可窥见一斑：《末日情结》《仰望星空》《病了何“罪”之有?》《“脱胎换骨”之后》《羞答答的性教育》。文章刊出后反响不错。

令我甚感欣慰的是，与峥嵘的缘分一直能够延续下来，并且还生发了一个“反向”合作。这契机，说来依旧是因由文字的牵引。

峥嵘在晚报社做了20年的读书版编辑，一直致力于推进科学阅读。她经常深入学校、社区、书店开展阅读讲座，跟孩子和家长一起品味书香。近两年来，她又开始做线上的科学阅读推广，与朋友开设微信阅读社群，作为主讲人和主持人每周都要进行一次阅读分享，迄今已做了近140场。她既是个科学阅读的好推手，同时也是个科学阅读的好写手。在版面编辑、选题策划和稿件邀约等工作之外，她自己也经常围绕科学类图书撰写评论和采访文章。

这些年来，我与峥嵘其实一直是在同一个“战壕”里战斗。自负责《科普时报》的采编工作起，我就力邀峥嵘在报纸上开设专栏，以聊科学方面的话题为主。她欣然应允，并且取了一个很谦虚的栏目名字——“门外窥趣”，意即她并非学理工科出身，作为一名文学学士、教育专业硕士撰写科学随笔，只是表达一个门外汉探索科学的乐趣而已。可在我看来，她的这些作品文理交融，她真是一心一意地沉进去了，方才有这样的收获。

翻阅本书文稿，尤为亲切，不禁想起林语堂先生说过的一句话：最好的建筑是这样的，我们居住其中，却感觉不到自然在哪里终了，艺术从哪里开始。这里我想说的是，读峥嵘写的科学文章，我已经看不到文科生的影子。特别是她在《科普时报》上新开设的“学有道”专栏，致力于“用心理学提高学习力”，起点更高，内涵更深，也更为跨界，她的文字简直可以说游刃有余了。

有幸见证峥嵘“出道”、发展并取得丰硕的创作成果，很为她高兴。我以为，这本书鲜明地呈现了峥嵘写作风格的某些特质。

比如，从小切口导入，渐次铺展开话题，从而增强了与受众的亲和力。置身于大众传媒中的耳濡目染，早已让峥嵘练就特殊的新闻敏感力。她在创作每一篇文章时，都特别注意结合时令季节起笔。比如年末时考虑如何制订一个有效的新年计划，“3・15”到来之际会教大家如何准确识别商家的欺诈行为，世界海事日来临时会介绍一下有趣的海洋生物……她的文章读来总是能够感受到其中的生活气息，也别具参考意义和价值。比如买衣服是女人一生的刚需，为什么消费者容易受骗，八卦背后的社交常识，等等。

再有就是，其写作思路，大多着眼于隐藏在生活中诸多新奇问题的提炼，更容易激发受众的好奇心与求知欲。比如为什么哭过之后感觉很舒服，有疫苗可以预防癌症吗，材料如何塑造我们这个世界，等等。她的精彩叙事和科学解答不仅展现了自然万物的奇妙，揭示了其中的科学原理，而且还传扬了当今社会人们通常所欠缺的理性思维。有些文章不奢求面面俱到，但可能有一个独特的视角；有些文章或许给不出答案，但应该有助于思路的拓宽；有些文章的观点未必是绝对正确，但希望能留下思考的空间。我觉得，这就够了。

一本科学读物，做到常读常新是不太容易的。书中作者特意在每篇文章末尾附上阅读书目推荐，引导对相关话题感兴趣的读者继续深入探究。这也是为读者考虑的一个暖心之举。

相信大家在阅读峥嵘的作品时，一定能够获得知趣、智趣、理趣和情趣。

自 序

推开惊奇世界的大门，
剥开洋葱里的真相

这是一本关于科学阅读的书，也是 43 个好玩的问题，打开 43 个惊奇世界的大门。无论你是什么年龄，都欢迎一起来探索。

我做了 20 年的报纸读书版面编辑，采访过不同领域的作家，介绍了各种各样的好书。读书版最大的好处是包罗万象，绝对不会“挑食”。一入行我就接触和报道科学好书。和那些出身理科的科学记者不一样的是，我的本科专业是文学，硕士念的是教育专业，刚开始面对科学问题，我是一张白纸，所以我始终保持好奇心，每次采访都会有很多问题。

我曾经问过我的前辈，为什么要让我去报道科学图书？他说：“我们的读者是普通人，你也是普通人，那些在专业人士看来属于常识性的问题，对大众来说依然是知识空白点，你带着问题去采访、写作，正好是一种大众的平行视角。”

看，就这样，我的弱点反而成了我的优点，因为不懂，我才会有意识地去了解、去学习、去发现。

过去的20年里，我报道过很多的科学家和科学图书，5年前开始系统地撰写科学专栏，在《科普时报》《北京晚报》介绍科学新书，也在新浪好书榜担任科学生活新知类板块的撰稿人，为近200本书撰写过评语。2018年，我被北京阅读季评为北京市的金牌阅读推广人，之后陆续去了中国20多个城市的学校、图书馆、社区做科普阅读的推广工作，仅仅2019年就举办了超过100场的讲座。在分享科学好书的时候，我始终享受极大的乐趣，享受和读者们一起往前探索的感觉。

这本书是我过去思考与写作的精选，力图带大家发现生活里有趣的事、司空见惯的现象背后的科学道理。在书中，每一篇文章开头都会给读者提出一个问题，有的有答案，有的没有。比如，你会用莫尔斯电码发出SOS求救信号吗？仿生技术可以创造出多少隐形财富？为什么看起来不般配的人也能白头偕老？……这些看似平淡无奇的事情背后，总有一定的科学道理存在，就像剥洋葱一样，一层一层的真相让你或醍醐灌顶，或会心一笑，或陷入沉思。每篇文末还有相关主题的阅读推荐。可以说，你打开这本书，其实是同时打开了100多本书，打开了一个五彩缤纷的世界。

希望大家享受科学带给我们的幸福生活，在感受科学魔法的同时，也能学会多一个看世界的维度。

让我们一起开始探索之旅吧。

李峥嵘

2020年6月

目　　录
Contents

第二篇 自然维度：唤起美好的心灵

第三篇　情感维度：掌握自己的命运

第四篇　家庭维度：享受温暖的氛围

第一篇

社会维度：冷静思考，直面人生

钓愚：为什么消费者容易受骗

每次看到“先领券再购物”，你会不会先去领有门槛限制的优惠券？每次看到“满额减”，你会不会为了减免10块钱，多花300块？

如果以上问题，你回答“是”，不用惭愧，因为这是大多数人都干过的事。中国有句俗话：“从南走到北，买的没有卖的精。”为什么消费者有时候心甘情愿地被商家操纵和欺骗？不，不，这里说的不是劳烦警察叔叔的那种欺骗，而是因为信息不对称和消费者的非理性导致的市场机制失灵。

自经济学鼻祖亚当·斯密以来，经济学的核心信条就是：自由市场制度就像一只“看不见的手”，指挥着每一个追求个人利益的人去实现最大的公共利益，但有时候这只“看不见的手”会成为悄悄绊倒消费者的“看不见的脚”。

两位经济学大家乔治·阿克洛夫和罗伯特·席勒曾经合作出版

《钓愚：操纵与欺骗的经济学》一书，将经济学和心理学相结合，研究市场经济中的缺陷。他们发现，消费者并不会总是做出对自己有利的选择，只要我们身上存在可以被人利用的弱点，能够给欺骗者带来超级利润，就一定会有人利用这一弱点。

你去过健身房吗？健身俱乐部就是一个很好的例子，这是一个庞大的产业。2012 年美国健身俱乐部的产值高达 220 亿美元，而在中国，健身俱乐部每年以 1000 家的速度递增。当顾客第一次加入健身俱乐部的时候，会面临三种付费方式：按次计费、按月自动划卡付费和支付固定年费。你会怎么付费？通常消费者会认为按月或者年费更划算。实际上大部分的消费者会高估自己锻炼的次数，按月或者年费支付的钱一多半都是浪费。这里有违法吗？没有。既然有顾客相信自己按月或者年费支付更合算，那就一定有商家提供这样的选择，这就是欺骗均衡。

有一个经济学家和心理学家联合做的实验更能说明人性的弱点：一群猴子学会了和人类自由交易，即用代金券换吃的，实验显示猴子最喜欢的是糖浆水果卷，它们就沉迷于此，顿顿吃水果卷，结果导致营养不良。人类心中也有这么一只“猴子”，不知不觉中会做出很多对自己不利的选择。如果没有良好的管制，很明显，市场会充满各种满足不良嗜好的产品。

大量的心理学研究表明，人们只想得到他们觉得自己应该得到的，而不是真正需要的东西。营销人员和广告商就利用消费者的潜意识迷惑他们。

为什么大众很容易被欺骗？

其中一个原因是普通人喜欢随大溜，不喜欢挑战权威，喜欢从一而终，不喜欢得而复失，有损失厌恶倾向。这也是很多商家要你办积分卡、会员卡的原因。实际上为了换到积分礼物，你需要花费更多的钱。再比如房屋销售员会充分利用人们的损失厌恶倾向，安排不同的买房者同时看房，人一多，房东马上坐地起价，给买房人一种“不马上买就会被别人买走”的紧迫感，从而匆忙作出决定，贵个十万元也不在乎了，房子破旧也无所谓了。

除了人性的弱点之外，商家还可以使用障眼法，让顾客以为物有所值，甚至物超所值。最典型的就是金融领域，我们购买了某个金融产品，但是你的钱就像扣在魔术师罐子底下的硬币，神不知鬼不觉被挪走了。

在经济行为中，“欺骗”是不可避免的。人们往往在某种故事情境下思考问题，营销就是把顾客引入一个新的故事。可以说最好的营销人员都是心理学家和编剧。例如橙汁就是商人创造出来的。20世纪初的美国，一般人都是把橙子切开吃，榨汁机发明出来以后，商家承诺只要付16美分邮资，就可以免费得到一个榨汁机。通过这样一个营销故事，橙汁逐渐成了人们饮食的重要部分。今日的电商依然用一个个的故事“钓”到消费者。当然，有了大数据的支持，“钓鱼”可以更加精准。当你浏览网页的时候，你的喜好已经被悄悄记录下来，再打开网页时，推荐的产品都是你的喜好。

市场会不断制造充满诱惑力的东西让你花钱，每一个橱窗、货架都是大量市场实验的最优方案。举一个很常见的例子，你知道为何鸡蛋、牛奶、大米被放到超市的深处位置？因为这是人们最普遍的购买需求，你不得不穿过一排又一排的货架去寻找，一路上都有其他商品在向你招手，于是你不知不觉就买了很多计划外的东西。记得收银台旁边放着什么吗？糖果、口香糖、避孕套、杂志，当你等待结账的时候会不由自主地拿起一件商品。

怎么才能不上当？

首先，当然是需要加强市场监管。其次，市场本身会出现平衡，例如有人沉迷社交网络，就有人发明新的软件来反沉迷，如果你每天泡在社交媒体上超过一定时间，你的电脑就会给你来一次电击。最后，很老土的办法，避免陷入财务窘境，不要过度透支，要按照预算购物，例如把收入分成三份：一份基本消费，一份额外消费，一份存起来。这就是我们平常所说的“量入为出”，不要“寅吃卯粮”。

还有很重要的一点就是让自己有一个冷静期，当推销员对你说这是最后一天优惠时，你可千万不要冲动，尽量不要参加限时抢购。

诺贝尔经济学奖的获得者丹尼尔·卡尼曼在《思考，快与慢》一书里提出一个观念：我们的大脑有快与慢两种作决定的方式。常用的无意识的“系统1”依赖情感、记忆和经验迅速作出判断，它见闻广博，使我们能够迅速对眼前的情况作出反应。但系统1也很容易上当，它固守“眼见即为事实”的原则，常常由于“损失厌恶”和“乐观偏见”之类的错觉引导我们作出错误的选择。有意识的“系统2”通过调动注意力来分析和解决问题，并作决定，它比较慢，不容易出错，但它很懒惰，经常走捷径，直接采纳系统1的直觉型判断结果。

所以，当你听到说这是最后的大甩卖、限时大抢购、马上下定金可以打八折时，很可能因为人的大脑损失厌恶的倾向，导致直接采纳系统1的直觉型判断“再不买就亏了”，从而产生冲动消费。

所以，买东西不只是一个数字的科学，更是人性、人心的学问。

推荐阅读书目

《钓愚：操纵与欺骗的经济学》
著者：[美]乔治·阿克洛夫／罗伯特·席勒
译者：张军

两位诺贝尔经济学奖得主乔治·阿克洛夫、罗伯特·席勒认为，市场在为我们带来福利的同时，也带来了灾难。普遍存在的人性弱点、信息不对称等让我们成为“钓愚”中的受骗者。对于生活在消费时代的每个人来说，这本书提供令人意想不到的经济学新角度。

《生活中的经济学》
著者：[美]加里·贝克尔 / 吉蒂·贝克尔
译者：章爱民 / 徐佩文

诺贝尔经济学奖得主加里·贝克尔精选的短小精悍的专栏文章，用经济学的思维方式解释人们作出何种选择，是与不同选择的成本和效益密切相关的。

《思考，快与慢》
著者：[美]丹尼尔·卡尼曼
译者：胡晓姣 / 李爱民 / 何梦莹

诺贝尔经济学奖得主丹尼尔·卡尼曼带领我们体验一次思维的创新之旅。他认为，我们的大脑有快与慢两种作决定的方式。“系统1”依赖情感、记忆和经验迅速作出判断，“系统2”通过调动注意力来分析和解决问题，并作决定，它比较慢，不容易出错。

标签上的建议零售价是个伪命题

一件物品定价为225元，同样一件物品标价为300元，办会员卡就打七五折，凭直觉回答：你更想要哪一件？

现在每年最商业化的节日可能就是“双十一”剁手日了，大家把想买的东西都提前放入购物车，等到那一天大采购。然而当天血拼下来，你往往买了一堆不需要的东西。你有没有深入想过，这是为什么？

传统经济学都假设理性的经济人是经济活动的主体，但是2017年诺贝尔经济学奖获得者理查德·泰勒意识到，生活中的人作出的决定，常常与经济学家假设的“标准理性模型”相去甚远。于是泰勒把他的研究主体确定为具有可预测行为，而且容易犯错的个体。他通过把心理学引入到经济学研究中，彻底改变了人们对经济学和自己以及世界的看法，引导我们如何作出更理性的决定。

比如说很多人的衣柜里几乎都有从来没有穿过的衣服，购买的原因只是因为太划算。真的划算吗？看看你买的东西的价格标签，上面是不是有一个建议零售价？这其实是用来误导消费者的参考价格。你一看，建议零售价这么高，现在打七折太划算了。你的大脑会体验到极大的兴奋感。——所谓的划算只是一种错觉，那些天天打折的零售商让你相信，在那里买东西就是捡便宜。在一些大型的电器商城，商家保证标价是同行业中最低的价格。但是如果你真的去比较的话，就会发现这一型号的产品只能在这个地方买到。

一些定位高端的商店试图让消费者不再对打折上瘾，然而不打折的结果就是消费者不再来买东西了。2012 年美国彭尼公司废除虚假的建议零售价，采用更简单的所谓的诚实定价方式，即新方案定价不再使用0.99 为尾数，直接进位为整数。做出改变后，消费者最终支付的钱并不会受影响，但改革彻底失败。销售额和股价都迅速下降，公司只好罢免 CEO，重新发放优惠券。这是为什么呢？因为顾客失去了“更划算”的心理乐趣——买 9.99 元的东西，就是比花 10 元要爽很多。对他们来说，希望买到物美价廉的商品是理所当然的。如何才能让自己更理性呢？理查德·泰勒建议说，不应该因为某个东西划算而去购买根本不会使用的东西。

有个经济学名词叫“沉没成本”，就是已经花了、无法收回了的钱。理性的消费者需要在适当的时候忽略沉没成本，但是这个建议并不容易被遵循。

有一次理查德·泰勒被叫去调解亲子矛盾。母亲乔伊斯给六岁的女儿辛迪买了三条裙子。可是女儿却不愿意穿。每天早上吵吵闹闹，妈妈坚持让女儿穿裙子，女儿坚持说穿裙子就不上学了。乔伊斯气愤地说："你以为钱都是从天上掉下来的吗？怎么这么浪费呢？"

理查德·泰勒是这样疏解母亲的愤怒的："既然买裙子的钱已经花了，穿上裙子也不会把钱赚回来。虽然女儿坚持穿裤子，但是只要她不再买新的衣服，对你们家来说也不会损失钱。"

乔伊斯理性上知道自己不应该和女儿吵架，但是情感上认为自己浪费了买三件连衣裙的钱而感到内疚，所以需要一位经济学家来当头棒喝：必须忽略沉没成本！

这也是理查德·泰勒创立的行为经济学的价值，让我们认识到很多行为是短期而且冲动的，需要有长远规划、强大的自我控制力和适时的止损。

你知道吗？在很多人心里，钱和钱是不一样的。有的钱到手就想花掉，比如压岁钱或者年终奖，很多人觉得这是意外之喜，忍不住去消费犒劳自己。这就是理查德·泰勒提出的"心理账户"对经济行为的影响。

纯理性的人应该认识到金钱就是金钱，无论是中奖的钱还是退休工资。但是人们会把金钱放入不同的心理账户。比如说买彩票中了1000块钱，和退休金多发了1000块钱相比，人们更倾向于把中彩票的钱用于消费，把退休金用于储蓄。这也给政府一种启发，如果想要刺激消费的话，发消费券比直接增加退休工资效果更好。再比如说办一个年卡或者会员卡的钱，心理上会认为这是一个沉没成本，而不会把它平摊到商品中去，作为一个消费成本。好多人即使办了卡也不用，还觉得办卡挺划算。

理查德·泰勒曾帮一个滑雪场设计定价策略。设计的滑雪套票，是在零售价的基础上打六折。套票非常受欢迎，成了滑雪场的主要收入来源。但是事实上，顾客用了多少次套票呢？只有60%的套票被使用。也就是说很大一部分的人买了套票没有用完。对滑雪场来讲，相当于按全价出售了门票，而且还提前收到了现金。顾客其实没花完年票，也并不觉得难过，大多数人第二年又买了套票。还有一些顾客买了套票，一次都没有使用，有些人询问第二年能不能够再次使用。滑雪场人员有礼貌地回答："不能。但是有一种特殊的优惠，如果你们今年再购买套票的话，上一年没有用的依然有效。"——顾客一听，好像很不错喔。买买买！其实从理性的经济学角度分析，上一年都没有怎么滑雪的顾客，今年也不可能滑够十次。

商家常常发放优惠券，其实这里面很多都是坑。还是滑雪场的故事。有一个小伙子来滑雪，他已经买了十次的套票，他在排队换票的时候听到售票员说，购买一张全价票可以得到打五折的优惠券。他觉得很划算，于是把套票放回兜里，又买了张全价票，顺便拿到一张下次使用的优惠券。这个小伙子能用上那张优惠券吗？

想一想吧，你在买东西的时候，前台会推荐买一本优惠券、办会员卡或者攒积分得到优惠卡，最后你到底省了钱呢，还是不知不觉多花了钱？

作为研究人的非理性经济行为的"行为经济学之父"，理查德·泰勒也是一个普通的人，他喜欢收藏酒。他说自己不会想拍卖这瓶酒能得到多少钱，喝一口又亏了多少钱。在特殊的日子，喝上一瓶自己的藏酒，会挺开心的。获得诺贝尔奖后，理查德·泰勒被记者问及："你会怎么花费900万瑞典克朗的奖金?"70多岁的老爷子哈哈大笑："我会尽最大努力，用非理性的方式把这些钱花光。"

推荐阅读书目

《"错误"的行为：行为经济学关于世界的思考，从个人到商业和社会》
著者：[美]理查德·泰勒
译者：王晋

这本书是2017年诺贝尔经济学奖得主泰勒通过人类心理学的近期成果以及他对动机和市场行为的真知灼见，引导读者学习如何在日渐复杂的世界中作出更理智的决定。

《助推：如何做出有关健康、财富与幸福的最佳决策》
著者：[美]理查德·泰勒／卡斯·桑斯坦
译者：刘宁

理查德·泰勒的代表作之一。不用强制手段，却能保证你同时收获"最大利益"和"自由选择权"，这股轻轻推动你做出最优选择的力量，就是"助推"。颁布法令禁止食用垃圾食品不算"助推"，把新鲜水果以低廉的价格方便地呈现在人们眼前，让人们主动选择健康食物，才是"助推"。

手机购物的直觉感让钱包更瘪

你觉得堂食和手机点餐两种方式，哪种方式更有可能让你选择健康食物？

网上购物让我们的生活变得更便捷，但你是否知道你的很多购物行为和线下购物并不一样？线下购物可以体验，线上购物只能靠直觉。直觉有时候也不太靠谱。

科学家早就发现，人们是依靠无意识和第一印象来感知世界的。比如说，观看陌生人的脸 100 毫秒（毫秒是 1 秒的千分之一）之后，就会对对方是否值得信任下了判断。数十年的行为心理学研究已经证明人类的很多行为是在还没有意识的时候就已经植根于大脑了，而电脑或手机屏幕会放大人们的这种行为趋势。因为它们是如此的视觉化，很容易让人进入更依赖直觉的思维模式。当你对着手机或者电脑屏幕时，思考的速度更快，更依赖直觉。比如说 55% 的人阅读一篇普通文章的时间不到 15 秒，这意味着大多数人并不会认真地看内容，而只是根据第一印象决定继续看还是跳转。

面对手机屏幕，你思考的速度比面对电脑屏幕时更快。美国东北大学的研究人员发现，很多了解行为心理学的零售商会根据用户使用电脑还是手机购物来悄悄调整价格。如果用户使用电脑搜索美国家得宝公司的网站，得到的产品均价是 120 美元，如果使用手机搜索，得到的产品均价是 230 美元。看起来，使用手机的用户买的东西更贵，也更冲动嘛。

是什么因素让你快速决定呢？就是看颜值呗。

如果你要在 50 毫秒内判断一个网上的产品，就像在 100 毫秒内对一个陌生人的个性进行判断，除了看外表，难道还能深入了解内在美吗？所以快速判断是源于“本能美”。一个好看的产品，人们会本能地认为它的性能更好。比如说一个手机的功能和其他手机没有区别，就是外表好看，会让消费者感觉这款手机的功能更加强大。这大概是某些手机公司执着于产品美观度的一个重要原因吧。

什么样的网页是“好看”的呢？《屏幕上的聪明决策》一书提到了一种研究，是用色彩和视觉复杂度预测人们喜欢什么样的网站。比如色彩会显著影响我们对网页的反应，甚至影响购物的决策。在一项实验中展示了两个网站，一个是以红色和橙色两种颜色相间为背景的网站，另外一个是以绿色背景配上浮动的美元符号的网站（绿色是为了引导受试者联想到美元和金钱）。哪一个网站会更受欢迎？研究结果显示：观看绿色背景配上美元符号的网站的受试者，更倾向于选择便宜的产品，因为和美元近似的颜色和货币符号使他们更专注于价格。

每个人的美学算法都不同，未来有一天电脑和手机系统能够根据你的审美算法来调整展现在你面前的网页。那样的话，可能你就会更快下单。

电脑和手机购物会买的更多还有一个原因是屏幕能够引发“松绑效应”，没人看我们的订单，不用担心别人的评价，更容易放纵自己。这就是为什么利用网络订餐，我们更容易选择热量高的食物。

几位科学家分析了一家大型比萨连锁店 4 年多时间里的 16 万个订单。根据研究数据显示，顾客在网上下单时，会选择配料更多、价格更昂贵的比萨，比在店里买的多了 33% 的配料和 6% 的卡路里。在网络上订餐的顾客会因为更多配料感觉更满意，但是，我们的动脉血管绝对不会喜欢。

如何才能做出明智的选择，不被直觉所控制？

办法有！而且很简单。

就是和数字时代的快节奏相反，慢下来，慢——慢——来，耐心地了解每一件你要购买的商品，不要让华丽的图片蒙蔽双眼，不要让下意识为你的钱包作决定。

手机能让你更快作决定，也能帮助你存钱。怎么做到的呢？作为行为经济学领域的领军人物，什洛莫·贝纳茨一直试图帮助普通消费者改变他们的行为方式，他发现人们总是用自己的钱做蠢事，以至于没有存下足够的养老金，所以他和被称为“行为经济学之父”

的理查德·泰勒推动了一项计划，帮助了400万美国人存更多的钱。即在《屏幕上的聪明决策》中提到一个存钱的小窍门：看到变老的自己。很多人喜欢自拍，喜欢用美颜模式修照片，让自己看起来更年轻漂亮。但是，如果你把自拍照弄得老一点、丑一点，就更有动力为自己的老年存钱。人们很容易屈从于当下的诱惑，缺乏长远的计划。如果你能看到未来的自己，被下垂的脸颊和皱纹震惊到，也许就更能控制自己的购物冲动，让养老账户的钱数增加一点。

推荐阅读书目

《屏幕上的聪明决策》
著者：[美]什洛莫·贝纳茨／乔纳·莱勒
译者：石磊

通过引人入胜的实验及案例，揭示了屏幕正在改变我们的思考方式，让我们用更少的时间作更多的决定，但更容易根据直觉选择，进而作出错误的决策。当然，对于商家来说，屏幕上蕴含着大量商机，谁能够率先优化设计、调整屏幕、引导客户购买，谁就能够抓住新零售时代的风口，赢得未来。

《错觉：AI 如何通过数据挖掘误导我们》
著者：[美]加里·史密斯
译者：钟欣奕

本书拨开人们对人工智能的迷信和误区，通过众多实例说明大数据挖掘的结果有可能只是自我选择的偏好。计算机并不具备思考的能力，无法评估数据库中内容的相关性和有效性，也不具备区别真假数据和坏数据所需要的人类判断力。因此，由数据误导带来的错觉，都使我们离预期目标越来越远。

年终奖和荣誉，你会舍弃哪个

在年末升职、奖金减半和拿全奖不升职二者之间选一个，你会怎么选？

岁末年初是发年终奖的时候。为了激励员工努力工作，很多公司都会给员工一次性的年终金钱奖励。这种做法来自经济学家的假设：只有在工作业绩越高、收入越高的条件下，人们才会工作得越来劲。但是神经科学家却认为：更多的金钱并不是最有效的激励手段，绩效工资只能带来非常有限的绩效改进甚至无效。

马修·利伯曼是社会认知神经科学的先驱，二十多年来，他和他的同事创立了一门新的学科：社会认知神经科学。他们的研究证明：我们的大脑天生和他人相互连接，社会因素比金钱更能激活大脑的奖赏回路。

在企业管理中，如果把社会因素纳入工作场所，员工的敬业精神和工作效率就会飞速提高。神经领导力研究专家大卫·洛克提出了一个“围巾”（SCARF）模型，这个词由以下五个单词的首字母组成：地位（Status）、确定性（Certainty）、自主性（Autonomy）、关联性（Relatedness）以及公平感（Fairness），这五个方面都是非金钱因素的内在动机，其中，地位、关联性和公平感都和社会性有关。

为什么社会奖励能带来超越金钱的效果呢？答案很简单：人类花了数百万年时间进化成为高度社会化的物种，意味着人们愿意为认同的群体而努力工作。

马修·利伯曼在《社交天性：人类社交的三大驱动力》一书里谈到了一项重要的科学发现：镜像神经元。著名神经学家拉马钱德兰曾热情地赞颂“镜像神经元是21世纪头十年最重要的发现”，他认为镜像神经元对于心理学的意义相当于DNA对生物学的意义。自从镜像神经元被发现以来，心理学家已经认定我们的语言能力、模仿能力、心智解读以及共情能力都离不开镜像神经元的贡献。科学家曾经认为，我们大脑的不同区域分别负责感知、思考以及动作，但就镜像神经元而言，感知和动作却发生在同一种神经元“身上”！因为镜像神经元的存在，我们的大脑能够理解他人的行为，并且期待得到他人的认可。

借助社会神经学的研究，我们来看看什么样的激励机制比金钱更有效。

例如地位，在组织内部得到地位的认可是一种完全免费而且可以再生的资源。通常人们认为追求更高的社会地位是为了更多的钱，是的，高的地位可以获得更多的资源，但是也有大量的证据证明即使没有现实的回报，人们依然非常渴望在工作场所获得地位。

有一篇研究论文的标题非常简明——《为金色的星星支付3万美元》，文中提到有一家公司规定，有机会进入业绩榜前十名的销售人员，在每年年末会面临两种选择：一种是将所有在手的交易都在本年度完成，就有更大的机会进入“总裁俱乐部”（这只是一种荣誉，他们的名字标牌和办公文具上会印一颗金色的星星，还可以获得三天价值2000美元的度假福利）；第二种选择是把销售业绩推迟到下一个季度，可以赚取更高的佣金。人们会怎么选呢？有意思的是，将近70%的人选择立刻确认销售收入，以确保自己能够进入总裁俱乐部，但这意味着他们会放弃27000美元的佣金收入。科学家认为这种选择实际上是确认自己地位变高，可以持续触发大脑的奖赏系统。

再说说关联性（即社会连接）在提高生产效率方面的作用。过去人们假设一个员工的生产效率取决于他的聪明和努力程度，事实上，一个人只有通过与他人之间的社会连接，聪明才智才能得到充分的发挥。其实不用科学家来说明，我们也知道承担某个项目不可能单枪匹马完成。

还有公平感，看起来这个因素好像对工作效率没什么影响，然而员工是否觉得公平会影响大约20%的工作生产效率。科学家甚至发现公平感在我们的大脑中激活的神经回路和“赢钱”的效果是相同的。

还有一个可以激励员工的方式：让他们有机会去关心、照顾他人。这一点对很多人来说可能最难以理解，其实这同样会激活大脑的奖赏系统。宾夕法尼亚大学教授亚当·格兰特在他的著作《沃顿商学院最受欢迎的成功课》里提出，给员工帮助他人的机会能够促使他们更努力工作。

格兰特提出了两种方法，一种是让工作场所变得有意义，另一种是给予同事支持。第一种做有意义的事当然意味着帮助别人，而第二种类似于员工支持计划，例如帮助员工照顾老人和孩子、为有需要的员工提供财务资助，甚至允许员工将公司的援助转赠给其他人。能够帮助别人会让人感觉很好，公司如果能让员工体会到这种美好的感觉，员工会更有归属感，就像热爱家庭的人会更努力地工作。

有些人在谈到自己的工作时会说："这只不过是一个发薪水的地方，给多少钱干多少活。"从脑科学的角度来讲，这种看法是错误的，因为它忽视了人类之所以成为人类的许多因素，他人并没有我们想象的自私，合作才是人类的天性，相互合作能够激活大脑的奖赏系统，无论是否期望得到回报，帮助他人都会让我们体验到真正的快乐。

一个人要在工作场所度过大约一生四分之一的时间，除了获得合理的报酬之外，如果能知道自己属于一个关心员工、关心社会的组织，我们就会产生依恋之情。我们身处有依恋之感的团队，被所属的群体认可，就能够有效地提高工作积极性和主动性。所以领导力的核心就在于创造个人对群体的认同感和依恋感。

当然人们乐于为团队效力并不等于可以无偿地工作，如果老板年末只给你发小星星，不给与工作相对应的报酬，这个老板的镜像神经元肯定发育不全。

推荐阅读书目

《社交天性：人类社交的三大驱动力》
著者：[美]马修·利伯曼
译者：贾拥民

这本书是社会心理学家马修·利伯曼解读人类"社会脑"的权威之作，通过解读人类社交的三大驱动力——连接、心智解读、协调，告诉我们在充满合作与竞争的智慧社会中，如何理解他人的思想和行为，如何与他人合作以及如何激励员工努力工作。

《沃顿商学院最受欢迎的成功课》
著者：[美]亚当·格兰特
译者：王非

沃顿商学院管理学教授亚当·格兰特提出成功的一个重要因素：我们怎样和别人打交道。他发现，我们大多数人能被划为三类：付出者、互利者和获取者。最善于付出的人才是最成功的人。本书探讨了如何发展最适合自己的社交风格，选择最有效的付出方式，以实现可持续的成功。

日本女生校服的西洋化之路

如果可以随心所欲地给自己设计一件校服，你希望是什么样的？

说起校服，中国学生一脸绝望，因为大多数校服实在和美毫无关系。而在一水之隔的日本，他们的校服确实摇曳多姿。这是怎么发展来的呢？

其实日本女生的学校制服也不是一开始就好看的。在时代与社会的更迭中，女生制服受到国家思潮、学校教育方针、女生自身的判断与行为、家长的诉求、周边市民的看法与媒体舆论的反馈等诸多因素的交织影响，伴随着社会价值观的冲突与发展，才最终得以慢慢确立。

日本女生制服是日本在船坚炮利的逼迫下的现代化产物，其兴衰也和政治动向紧密相关。明治政府被西方列强的大炮轰开国门之后，主动转型提出欧化主义政策。欧化不限于社会制度，也包括礼仪、习俗、服装等文化领域。女式洋装就是在这种背景下被引入日本的。

德国医生伯尔兹曾经对日本首相伊藤博文说，从健康角度考虑，洋服对女人的身体有害，从文化、美学的角度看更不值一提。伊藤博文却说："我国的女人如果穿着日本服装出现在众人面前，是不会被当作人来看待的，只会被视为玩具或者人偶。"可见当时日本的政府是把穿洋服当作文明国家的象征。在这股潮流中，部分女子学校开始要求女学生穿束腰的大蓬裙洋服。19世纪末，东京师范学校的女生需要承担一部分外交责任，她们用宿舍的窗帘制作晚会礼服，把报纸缝起来塞在裙子下面当衬裙。但是地方上对洋服抵制得很厉害，随着批判欧化主义政策，洋装校服衰落，改良和服登场。

甲午战争是女子校服改良的另一场催化剂。日本女子学校制服的全面确定是在甲午战争之后。在当时的日本看来，女子教育的目的是塑造以家庭为依托、对国家作出贡献的理想化女性形象。女性承担着孕育强健国民的义务，因此健康的身体不可或缺。甲午战争之后，日本鼓励女子教育开展体育活动，但是传统服装不适合运动，改良"野蛮"的和服势在必行。

当时有一个设计者山根正次对比中国与日本女性的服装，认为在结构上中国服装更胜一筹，而日本和服的裙裾经常被风吹开，丑态毕露。同一时间，日本很多设计师参考欧洲、中国、朝鲜与日本古代的服装，提出了不同的改良方案。不久，袴发展成最具代表性的女生服饰。"袴"类似裤，曾经是骑马时所穿的下裳，而日本的

“袴”不止一种。改良的女学生袴与男士袴相比，没有明显的裆，更像裙子。

反对女生改良服饰的民间抵制也没有停止。1901 年日本天皇到宫城县巡视陆军演习，当地政府禁止去参加活动的女生穿袴，理由是袴并非女子礼服。“禁袴事件”引发了各大杂志激烈的讨论。在不断的论争、阻挠和尝试下，改良制服持续推广。

刚开始“袴”是贵族学校兴起的，受身份制度影响，颜色采用了宫中 16 岁以下专用的紫红色。随着女子穿袴潮流的升温，世人一看到紫红色的袴就联想到女学生。女生堕落的新闻也占据了各大报纸的头版头条——其实很多是假冒的女学生。为了区别学生与非学生，“防伪标志”学校徽章出现了，包括在袴上点缀线条的袴章、胸章和腰带型徽章。学校制定徽章的目的本来是便于校外监管，但是对这种被强加的标记，女生却产生了强烈的归属感和依恋感，毕业摘下徽章时会流下依依不舍的眼泪。

日本女生校服的再次洋服化与第一次世界大战相关。“一战”期间，欧美国家取消了紧身褡和长裙，清爽干练的风格也影响到了日本。从卫生、方便、经济的角度出发，政府全面推广洋服。这一次上上下下都很顺利地接受了。甚至有的学校的学生自己要求穿洋制服。1920 年，东京女子医学专门学校的学生提出，要和男医生一样穿洋服。这不仅是从医生的职业出发对服装功能提出要求，而且也唤醒了女性独立承担社会工作的自觉意识。

到了 20 世纪 30 年代，水手服因为轻盈、利落、经济实惠而广受欢迎，成为女子学校制服的典型样式。大一统的时代，年轻人也在悄悄表现自己的叛逆，比如学校规定上衣只能到腰骨，裙子的褶皱只能有 16 条，但是检查过后，一些学生的上衣长度一下子就缩短了，褶数也增加到了 20 条。水手式校服从此一统天下，我们在很多日剧里都能看到清纯可爱的少女穿着水手式校服。

校服制度化，在某种程度上是学校和国家对学生享有权利的问题，是日本走向现代化的过程中把学生工具化的问题。当国家完成现代化进程之后，制服又成了一种独特的文化，衍生出了各种各样的情感关联、社会潮流。

有意思的是，20 世纪 30 年代学生主动要求穿制服，认为这是文明的象征，但是到了六七十年代日本学生制服已经制度化，社会上却掀起了反对制服的抗议活动。这当然和世界范围内的青年反抗运动遥相呼应。抗议的理由和 30 年代一些教育专家的意见不谋而合：制服压抑个性，束缚自由。日本推理作家东野圭吾在自传里写过，他的中学是最早反对穿校服的学校之一。

可是学校废止校服、允许学生自由着装之后，学生又对穿什么、怎么穿，产生了新的烦恼，特别是女生为每天的服饰搭配绞尽脑汁。在这种情况下，制服反而减轻了选择压力。进入 21 世纪后，社会上竟然出现了仿制服的潮流，在着装自由的校园里，女生们自愿穿上了制服，把市场上的服装、仿制服、其他学校的制服混搭在一起。

从被动穿到主动穿，制服标明学生所属学校的原始功能已经消失无踪，穿制服的女生变得可爱，有的人穿出了一点性感的意味。

以前被视为“管理象征”的制服观念逐渐转变为“展示自我的时尚”。

100年来，日本女生学校制服的演变可谓戏剧性。20世纪30年代的日本，就有教育专家预测了未来制服的走向：既发挥个性又不违背学校的规定。制服是实现着装自由的一种途径，在洋服普及后应将之淘汰。联想到近年来关于中国校服为什么丑陋的争论，恐怕我们还停留在制服是“管理”的阶段。有一天，中国的校服由丑变美，由强制变为主动选择，教育的观念也将发展到新的阶段。

推荐阅读书目

《裙裾之美：日本女生制服史》
著者：[日]难波知子
译者：王柏静

书名颇具诱惑性，内容其实是细致扎实的博士论文。主要讲述了明治维新到20世纪30年代这一段时间里日本女生制服的演变过程，从中折射出日本传统服装体系的变革。

《衣不蔽体：二十世纪中国人的服饰与身体》
著者：赤桦

本书讲述了服饰背后的故事，不同服饰反映了不同时期的审美观念、文化心理，也不可避免地交织着政治因素。旗袍，一度是性感的远东神话，有一天又成了要被烧毁的丑陋象征。裤腿的大小曾经也带来风波，喇叭裤是叛逆还是流氓？从统一的制服到个性化着装，都有社会思潮的暗潮涌动。

八卦背后的社交常识

作为吃瓜群众，你最近几天八卦了什么？

首先澄清，本文中八卦是指非正式的小道消息，可不是无中生有的造谣——如果散布恶意谎言，那是要承担法律责任的！

中国有俗话说“谁人背后无人说，哪个人前不说人”，西谚有云“像流言一样传播得快”，还有玩笑说要想让一件事情传播得快就一定要强调：“千万不要说出去！”可见爱好八卦不分中外。

虽然智者常教导我们“背后莫论人长短”“流言止于智者”，但是普通人还是很难抑制住传播八卦的热情。即使在网络时代，娱乐八卦频道也是一些大网站的最热门频道。为什么人们认为背后说闲话是没有教养的表现，却又热衷于传播八卦？这里面有什么心理学秘密吗？

首先，传播八卦能满足人们一定的心理需求。

“闲聊”是促进群体团结的一种方法。比如现在流行的手机微信群聊，群主如果想活跃本群气氛，除了发红包之外，最好的方法就是定期传播八卦。很多人知道某个消息也会迫不及待地发到微信群里分享。会聊八卦也是一种社交商，能增添个人魅力。

人类学家提出，猿猴在一起互相梳理毛发来促进亲密关系，灵长类动物会好几个小时在一起互相抚摸，清理毛发，释放内啡肽，这样能够制造出一种良好的感觉。自从人类有了语言，可以用闲聊来代替梳理毛发。

其次，对群体来说，聊聊八卦，分享消息，说明大家在同一个圈子里，并建立默认的社会准则。心理学家发现，当两个人都讨厌同一个人时，谈论此人的八卦能拉近这两个人的交情。因为双方提供了一种非正式的信息，增进大家的亲切感，表示出这种小团体之间的互相信任。发展心理学家罗宾·邓巴研究过人们的业余时间是如何分配的，他发现人们会把20%的时间用于社交，而社交65%的时间都是在交换社会信息，也就是八卦。通常人们认为八卦是负面的行为，即对别人评头论足，但其实八卦的本意是中性的，就是大家在一起聚会聊天、讨论别人。

有研究发现，八卦的行为不分男女，并不是女人更喜欢八卦，男人也一样。从进化心理学的角度来分析，这种耗时间的八卦活动，有一个重要的目的，就是能够塑造我们。人们在八卦的同时，也在传播和分享赞美与责备，某种程度上是从社会的角度进行监督，或者是惩罚他人的行为。我们可以在八卦中留意到什么样的行为是可取或者不可取的，由此来学习社会交往的常识，体会到如果造成别人不满意，会带来什么样的损失。

英国的心理学家特丽·阿普特在剑桥大学开了一门沟通课，研究发现人们可以通过八卦来满足对他人的好奇，通过八卦可以学到什么行为是可接受、什么是不可接受的，通过和他人的交谈能够对别人的行为、性格、技能、动机，甚至外表作出评判。当你八卦到一个事情的时候，大家会变得很激动，如果他们作出如下回应："什么？不可能吧，怎么干出这种事？"这样，你就知道这件事是不能接受的。这实际上是给谈话的人一个警告，意思是说你做这种事情可能会被同伴排挤，因此讨论八卦的人们的行为也不知不觉会受到影响。

此外，八卦还能带来几大快感：

权力快感：知道一些对他人名誉有害的信息给人一种权力感。什么小道消息你都知道，能证明你的人缘和沟通能力不错。

挠痒般的快感：八卦的主题通常涉及性、金钱、权力等，挠中了人们内在的兴趣点，使人产生挠痒般的快乐和舒服感。

宣泄快感：有研究发现，聊八卦时人体内的黄体素升高，有助于缓解焦虑。当你陷入生气、受挫、怨恨、嫉妒或者愤恨等消极情绪时，聊聊八卦，讨论他人的失败或者不幸，有精神宣泄的作用。

通过八卦可以测试我们对他人行为的理解是否正确，检验他人看待事物是否跟我们一样。每当我们在谈论他人时，在某种程度上我们也是在谈论自己。当我们知道一段看上去很快乐的婚姻触礁了、一个让人尊敬的大人物虐待家人、一个品行端正的名人有难以启齿的怪癖，我们便获得了对人性的深刻洞察。

说八卦虽然是人类的本能心理需求，但是也不可以随便说。切记！传播八卦的基本原则——只说自己确认过的事实，没有违反法律法规，没有损害他人权利，没有忽视他人的诉求，没有带来直接危害。在传播的时候不添油加醋，不夸大其词。对他人的悲惨遭遇不要幸灾乐祸，更不要落井下石。

实在忍不住要说坏话，也要掌握一个原则：只针对这个人做事的方式，不上升到人格攻击。

最后我们再读一读《弟子规》的话："凡出言，信为先。诈与妄，奚可焉。见未真，勿轻言。知未的，勿轻传。"

推荐阅读书目

《赞扬与责备：剑桥大学的沟通课》
著者：［英］特丽·阿普特
译者：韩禹

本书分享了各种前沿、科学的沟通技巧，揭示了赞扬与责备的机制是如何在亲子、夫妻、朋友、同事，甚至陌生人之间运作的。赞扬不仅能表达喜爱，还可能涉及利用与讽刺；责备不仅与不满有关，还可能隐含着歧视和推脱责任。

《梳毛、八卦及语言的进化》
著者：[英]罗宾·邓巴
译者：区沛仪 / 张杰

在咖啡馆或酒吧的时候，如果花点时间听听邻桌的谈话，你会发现：他们三分之二的对话都是些生活琐事、爱恨情仇。我们发明了“语言”这种神奇的东西，却为何又将它大材小用？邓巴教授给出了解释：“语言进化是为了让我们更好地闲聊八卦。”

你有 5000 个微信好友？大脑说我只管 150 个

沦为工作工具的微信软件里，真正的好友有几个？

打开你的手机，看看你的微信有多少个好友？一个微信号码最多可以加 5000 个人，有的人甚至使用两个号码，有多达上万个微信好友。然而，你真的有这么多好友吗？其实，可以勉强称得上是朋友的，不会超过 150 人。是的，仅仅只有 150 人——这就是著名的“邓巴数”，牛津大学人类学家罗宾・邓巴提出，能与某个人维持紧密人际关系的人数上限是 150 人。

什么？150 人？北上广这样巨大的城市可是有上千万人口的呀！不过仔细想想，大部分人跟我们没什么关系。有时候在一个大城市里生活的单身青年，可能还不如一个小镇青年接触异性的机会多。真正的社交，是要投入心力的。点头之交、一面之缘的不能算社交，多年不见也不再联系的人，也不在你目前的社交范围内。

每一类灵长类动物几乎都有固定的社会群体规模。根据观测，黑猩猩的社会群体规模是55个。邓巴根据人类新皮层大小计算出人类的社会群体规模是150人。这样的一个规模是个人可以追踪、建立社会关系并施以善意帮助的最大人数。按照他的说法，对信息和社会关系的处理和协调能力限制了社会群体规模，因为我们人类只能应付数量有限的关系和钩心斗角。

我们的祖先是猎人，直到1万多年前农业出现时，人们才开始定居，所以猎人部落的典型规模，也就是150人左右。在现代社会，一个单位或者商业组织，如果不靠一层一层的组织的话，可以控制的人数也就是150至200人，是一个军事单位的基本人数。在这样的数量单位中维持秩序，靠的是个人的忠诚和一对一的接触。

人类学家还发现，社交谈话的范围并不是无限大，一般仅限于四个人，如果超过了四个人，就会分成两个谈话小组，这有可能是巧合，也可能和黑猩猩的理毛有一定的关系。例如四个人的谈话小组，一个人在说话，另外三个人在听，就类似于三个黑猩猩正在被理毛。自然环境中黑猩猩必须要一对一地理毛，它们最大的社会群体规模是55个；如果人类可以用语言代替理毛，每一次能够对付三个人，三倍就是165人，恰好接近于人类学家用人类新皮层大小算出的社会群体规模。有了语言的人类，社交规模上确实超过了黑猩猩等灵长类动物。但150人基本上已经是上限了。

所以，在你的微信圈里，你有1000个还是5000个，甚至1万个好友并没有多大意义，绝大部分人跟你没有什么联系，可能就是逢年过节群发了一条祝福信息而已。你能够一对一建立联系、深入了解并维持友好关系的，也就是 150 人左右。

很多人觉得，150 人可能太少了。实际上，大部分人远远没有达到这个数字。人类有着发达的头脑，生活在社会群体之中，虽然非常擅长社会生活，但是“理毛”的时间和精力都有限，这也是为什么很多人在网络上有很多的点赞之交却感到没有朋友，每天看很多的信息依然感到孤独——花太多的时间给太多的人“理毛”，而没有和少数人建立深入的“理毛”关系。

进化心理学家虽然用人类的亲戚黑猩猩和人类对比，但实际上，人类跟黑猩猩在大脑的质量上还是有很大的不同。认知神经科学之父迈克尔·加扎尼加认为最重要的区别在于大脑连接方式的不同。在我们的大脑中，所有的东西都交织相连，我们拥有反馈回路，让我们能够反思，这可能是自我觉知和意识的基础。我们的镜像神经元系统也似乎无处不在，向我们提供了社交能力、学习、共情以及语言的可能基础。人类大脑连接之谜还在不断地被揭开中，其实人类刚刚知道怎么去理解自己的能力。

也许有人认为，人类和其他动物只有一丁点儿不同，或者也可能没有什么不同。迈克尔·加扎尼加幽默地说：“有些冰块也只是比水冷 1 度而已。”

推荐阅读书目

《人类的荣耀：是什么让我们独一无二》
著者：[美]迈克尔·加扎尼加
译者：彭雅伦

让“认知神经科学之父”、《最强大脑》总决赛国际评委迈克尔·加扎尼加给你上一堂关于大脑的科普课。本书综合了多学科知识，拼出人类大脑的导航图，认为人类的大脑是独一无二的。加扎尼加充满激情地说：“人类具有惊人的能力，有热切的渴望，可以跳出肉身，在思想中云游四海。”

《祖先的故事：生命起源的朝圣之旅》
著者：[英]理查德·道金斯／黄可仁
译者：许师明／郭运波

一部反向追溯历史的经典力作。60个故事，40个会合点，见证40亿年人类进化的非凡历史。人类和地球上现有的生物一起坐上时光机器，向远古回溯，按照亲缘远近遇到其他生物。每次会合之后，又以一个共同祖先的面貌再次启程。所有自命不凡的人，只不过是这个宏大进化戏剧中微小的一章。道金斯的写作诙谐热情，振奋人心，洞见自然的奇异与丰饶。

从源头解决职场压力的两种情商

工作职位上升后，情商比业务能力更重要？

这个时代已经没有什么铁饭碗了，“工作”一词也改名为“便携式技能”。要想应聘成功、保住一份工作，并且不断升职，需要培养一些重要的特质。近年来，人们不断研究并且给这些特质取不同的名字，称之为品格、软技能或者能力，而美国心理学家、哈佛大学心理学博士丹尼尔·戈尔曼，取了一个简洁醒目的名字——情商。

丹尼尔·戈尔曼用清晰易懂的大众媒体笔调使得情绪智商（EQ）变成流行的名词。他还把情商实务化，帮助企业组织中的个人、团队乃至整个组织改善情商，提高绩效。当谈到了行业景象不断改变，原本引以为傲的工作和业绩走向下坡路的时候，戈尔曼告诉我们提高两种情商能帮助我们渡过难关。

第一种是适应力。

面对残酷的现实，要在变化中求生，而不是采用鸵鸟政策，视而不见，这是情绪上的先决条件。正如古希腊哲学家赫拉克利特说的“人不能两次踏进同一条河流”“一切皆流，无物常住”。宇宙万物没有什么是绝对静止的和不变化的，一切都在运动和变化。工作持续不变的特征就是“变”。

面对变化缺乏适应力的人，会感到恐慌和不安；能够迅速适应变化的人，就能够勇于冒险，学会团队合作，适应新的工作方法。适应力强的人喜欢改变，可以调整工作模式，在创新中自得其乐。

如何成为适应力强的人？一个重要因素是对信息保持开放的态度，能够考虑不同情况下的各种观点，灵活掌握技巧，面对意外保持冷静，在未知的情况下处理问题也游刃有余。

高技术产业是变化最频繁的产业，在这个领域里不能适应市场变化而破产的例子不胜枚举。例如，在20世纪70年代之前，英特尔公司一直受到日本同行的尊重，但是到了20世纪70年代中期，英特尔公司一度陷入“死亡山谷”的境地。公司的管理者察觉到日本同行在接待他们的时候，有一些嘲弄的意味。根据英特尔公司的报告预测，日本公司在精密制造业方面下了很大的功夫，要在生产销售计算机芯片的竞争中战胜美国公司。英特尔公司当时所占的市场份额已经下滑到30%左右，如果不迅速想出对策，就必然走下坡路。

在生死存亡的关键时期，一个主管的情商非常重要——敢于面对令人痛苦的新游戏规则，积极行动、灵活机敏，而不是迟迟拖延、举棋不定。英特尔公司立刻改变路线，将以前从未重视的生产副线——微处理器，定位为公司的主要产品。众所周知的英特尔处理器应运而生。

第二种是耐受力。

行业的变化转型必然带来巨大的压力，如何在压力下保持坚韧，也是情商的一个重要方面。

比如有两位主管都面临着转型的压力，其中一个人说："我感到紧张不安，烦闷无聊。"另一个人说："我总是尝试让一切更有点创意，为自己打造一种富有新鲜感的生活。"毫无疑问，第二个人的情商就比较高，因为耐受力更强。

有研究发现，能够承受压力的人通常把工作视为要全力以赴完成且令人感到兴奋的事，将变动视为发展的契机，而不是对自己不利的事，有这种心态的人容易释放压力，不容易生病。从人类大脑来讲，你把压力看成是挑战还是威胁所产生的化学物质是不一样的，身体也会有两种完全不同的生化系统在起作用。视为挑战产生的化学物质会让我们工作应变能力表现出更佳的状态，而视为威胁产生的化学物质会使我们丧失能动性和斗志。

如果你觉得自己的适应力和耐受力都不够理想，也不要泄气，因为情商是可以发展和提高的。一个人无论多么的害羞、脾气暴躁、不善于和人打交道、注意力不集中，只要他学习目的明确、方法得当，就可以提高情商。如果你学习到集中注意力和使自己放松的方法，那么会更沉着，做事更专注，也更富有创造力，而且你的大脑也在发生积极的改变，产生积极情绪的大脑区域会更活跃，感觉更敏锐、更放松。

最好的情商老师是谁？

就是你的人生。如果你能在人生的旅途中不断加深对自己情绪的认识，更好地描述自己的情绪、处理自己的痛苦情绪，更善于倾听他人的意见，设身处地为他人考虑，你的情感能力也会逐渐加强。

我们有一个更通俗的词来称赞一个情商高的人，那就是——成熟。

推荐阅读书目

《情商3：影响你一生的工作情商》
著者：[美]丹尼尔·戈尔曼
译者：葛文婷

情商并非与生俱来、一成不变的，可以通过经验学习来持续开发。心理学家丹尼尔·戈尔曼认为，随着工作职位的升高，技术能力和认知能力的重要性就会递减，而情商的重要性则会递增。优秀员工的工作业绩中，情商要素所占的比重高达三分之二。

《看电影心理学》
著者：郑世彦

电影就像一场梦，剖析电影就叫梦的解析。作者是心理咨询师，引经据典剖析了14部经典电影，在分析中介绍了心理学知识和心理学流派。例如，《喜福会》探讨中国式的母女关系和爱的羁绊，并由此探讨了家庭治疗问题。全书充满理性的光辉和温暖的力量。

压抑愤怒是处理情绪的偏见

受了委屈，你是会表达愤怒，还是会说，算了吧？

“我们的每一种情绪既是帆船，也是海洋。”心理学博士马斯特斯如是说。如何认识情绪在亲密关系中的运作？如何熟练地接纳和表达情绪，又不被情绪吞没？

大部分人在成长过程中，都深受父母未曾解决的情绪创伤带来的痛苦，发展出一种视“情绪为问题”的取向。比如我们常常会指责别人：“你又在闹情绪了。”似乎表达情绪是不应该的，表达愤怒是危险的，表达痛苦是羞耻的。

马斯特斯在《情绪亲密：唤醒19种情绪的隐秘力量》中，分析了19种情绪，包括恐惧、羞耻、愤怒、悲伤、快乐、厌恶、内疚、抑郁、轻蔑、自我怀疑、嫉妒、幸灾乐祸等，很多情绪在大部分的文化语境中都被贴上了“负面”的标签。但是，我们想要发展出更多的亲密关系，只靠乐观的情绪是不够的。如果过度赞誉积极、乐观的好处，我们就可能会尽力掩饰不幸福的痕迹，混淆情绪麻木和泰然自若，分不清情绪疏离和态度超然的区别。强行保持正面状态，拒绝负面，实际上是割裂人的完整性。

我们需要经由多种的情绪来建立持续的、深入的关系。

首先，修正我们对情绪的偏见。不存在不健康和负面的情绪，只有不健康和负面的处理方法。在此基础上，我们再谈如何和情绪亲密。以愤怒为例，正确地处理愤怒情绪，可以保护我们脆弱的部分，可以和慈悲共存，如果处理不恰当，混合了侵犯、敌意的情绪，可能会变形为攻击。比如，你因为被公司解雇而坦率地表达愤怒，可以给你力量去寻找更好的工作；同样，如果你对伴侣的外遇坦率地表达愤怒，能驱使你更坚定地建立界限，促使你想办法改善关系或者结束关系。

和愤怒有伴生关系的一种情绪是恐惧。马斯特斯认为，恐惧本身既不是负面的，也不是正面的，从生理上讲，恐惧是在肾上腺素的作用下产生的收缩反应。它是服务于我们还是阻碍我们，取决于我们的使用目的。有些恐惧是适应性的，是一种对当下环境的适应能力。例如，面对一只大型食肉动物，你不需要经过理性的思考拔腿就跑，恐惧本能就可以及时救你一命。但非适应性的恐惧是对过去和未来的过分担忧和焦虑，这时候要有意识地接近并进入恐惧的深处，要抽丝剥茧找到恐惧的根源，你到底在害怕什么？一旦你敢于直面自己的恐惧，就会发现恐惧不再是一个敌人，而是一个盟友。

不存在不健康和负面的情绪，只有不健康和负面的处理方法。一旦你敢于直面自己的恐惧，就会发现恐惧不再是一个敌人，而是一个盟友。

人类学家提出，猿猴在一起互相梳理毛发来促进亲密关系，灵长类动物会好几个小时在一起互相抚摸，清理毛发，释放内啡肽，这样能够制造出一种良好的感觉。自从人类有了语言，可以用闲聊来代替梳理毛发。

如果将幸福定义为快乐和意义感之间的平衡，那么有时候我们做一些乐趣比较少的事情其实是有意义的，如戒烟、减肥、长跑、学习，在某个阶段并不快乐，甚至是痛苦的，但这是牺牲今天短暂的快乐去换取未来更多的幸福，同时在艰苦学习的过程中可以获得意义感的体验。

从人类大脑来讲，你把压力看成是挑战还是威胁所产生的化学物质是不一样的，身体也会有两种完全不同的生化系统在起作用。视为挑战产生的化学物质会让我们工作应变能力表现出更佳的状态，而视为威胁产生的化学物质会使我们丧失能动性和斗志。

除了个人的恐惧之外，还有集体恐惧。集体恐惧就像污染的空气一样不可避免。在一些特定的情况下，比如流行病暴发、战争爆发等，周围人都会陷入非理性的恐惧，很难独善其身、置身事外。

如何释放集体恐惧情绪？有四种常见的方法。

第一种是观看恐怖电影，这能让人们获得某种程度的满足，但对解决现实的恐惧并没有帮助，只会强化我们对实际处境的麻木。

第二种是逃避，关闭自己，视而不见。

第三种是攻击，这时恐惧的能量变形为不健康的愤怒，驱使人们采取进攻措施。

第四种是沉迷于性欲，在实验研究中发现，一大群老鼠越是恐惧，性欲就越强烈。人类也类似，会过度地借助性爱来快速强烈地释放恐惧。

但以上四种方法都不是恰当的处理之道。

恰当的处理应该怎么办？和处理个人恐惧是一样的：命名它，直接面对它，一心一意关注它，培养和它的亲密关系，给它一个更大的容器，将它的能量从流行的观点中释放出来。

比如你在看一个负面新闻的时候，不要只是当作娱乐或者消遣，而是要感受它！你的身体是什么感觉？用三个以上的形容词描述你的感受。就像把自己浸入水底，感受水流如何冲击你身体的每一寸肌肤。

处理集体恐惧的另一面在于保持并深化个性——不是自私，不要被集体恐惧淹没。深入感受集体恐惧，你会认识到恐惧伴随着对人类的爱，我们的慈悲能力也因此进入更高的层级。

愤怒也是恐惧很有用的防护者。当你听到或者看到某件不幸的事情，你感到十分愤怒，不要否认这一事实，如果压抑自己的愤怒，就有可能变成焦虑、恐惧。在面对集体恐惧时，愤怒的火焰——如果是非指责的和非攻击性的——能够提供热量和光亮。

长久以来我们都习惯压抑情绪，但是当你尝试着和情绪亲密：对自己，认识、接纳并坦率地表达；对他人，深入倾听、保持共情而不失去个人界限，那么你会更有活力、更充实地活着，会感受到一种精妙的敏感、深度和广度。我们所谓的负面、脆弱、黑暗的情绪也有了新的意义：感受力增强了，同理心更深了，直觉能力提高了，能深切地体会到一个独特的存在——自己。同时，也更有能力不让自己伤害别人，以最佳的方式回应生命中不可避免的挑战。或者说，这也是一个自我疗愈、自我解放的过程。

推荐阅读书目

《情绪亲密：唤醒 19 种情绪的隐秘力量》
著者：[美]罗伯特·奥古斯都·马斯特斯
译者：蓝莲花／李奇

心理学博士马斯特斯以 35 年的治疗经验，对 19 种情绪抽丝剥茧，用通俗简洁的语言启示读者：不存在不健康和负面的情绪，只有不健康和负面的处理方法。在情绪的海洋中，允许我们锚定于自己的核心。

《与内心的恐惧对话：摆脱来自亲人的负能量》
著者：[美]保罗·梅森／兰迪·克莱格
译者：李寒

本书帮助人们认识边缘性人格障碍的人们，如何从无所适从、孤立无援的困境中走出来。他们喜怒无常，心里充满了痛苦和恐惧，渴望得到理解和爱。如果身边的人能够正确识别并应对，他们就能摆脱内疚和痛苦，不再接受情感勒索，建立健全的界限。

为什么你制订的计划老完不成

如果你的计划精确到每小时但却完不成，你会焦虑吗？会放弃吗？

每当新的一年开始之际，我们总会搞点仪式感让新的开始充满了意义，比如找个地方跨年，买新的日程本，制订新一年的计划等。网上曾经流行一个段子：“2018 年计划是搞定 2017 年那些原定于 2016 年完成的安排。不为别的，只为兑现 2015 年时要完成的 2014 年计划的诺言。”这个计划的时间跨度有点大，说明了什么？大部分人踌躇满志的计划都停留在纸面上。

很多人的计划无法执行是太过于随意，比如，今年要减肥 10 公斤，却完全没有规划如何实现，而是“脚踩西瓜皮，滑到哪里算哪里”。

如何制订一个切实可执行的计划呢？这就涉及日程管理的问题。日程表的管理大致有两种。第一种是只记录严格确定了时间的事情，比如说医生的预约、航班和商务会议，其他的事情灵活安排。另外一种是无论大事小事都提前计划好，每个时间只安排一个任务。哪种效率会更高呢？

在蒂姆·哈福德的《混乱：如何成为失控时代的掌控者》一书里提到了一个心理学实验。心理学家找了一组大学生来学习一个短期课程，目标是提高学习技巧。学生被随机分成三个组，第一组只告诉他们一些简单的时间管理技巧，比如说每半个小时或一个半小时休息5到10分钟。第二组和第三组不光要掌握学习时间管理技巧，还被要求如何具体操作：第二组是以月为单位制订学习计划和目标，第三组以天为单位制订学习计划和目标。你认为哪一组的学习效率最好呢？

心理学家开始预测以天为单位来制定目标的第三组会表现最好。实验结果推翻了这种预测。恰恰相反，第三组的表现最糟糕。而第二组的表现最好，他们以月为单位制订学习计划，每个星期原计划学习25个小时，到课程结束的时候，学习时间还增加了。第三组的学生，原计划每周学习20个小时，后来减少到8个小时。第一组的表现也没有好到哪去，每个星期原计划学习15个小时，后来减少到10个小时，但比第三组还略好一点。从这个实验结果可以看到，按月为单位做计划的第二组的学习时间比按天为单位做计划的第三组多两倍。训练结束后，这项研究继续跟踪了一年，学习效果依然在延续，第二组学生成绩最好，第三组学生成绩下滑，第一组原地踏步。

为什么会这样呢？为什么精细的计划反而不如相对宽松的计划效果好？研究人员提供了两种解释：第一，每天制订学习计划太花时间和精力了，所以干脆就放弃；第二，如果制订了详细的学习计划，一旦没有跟上进度就会感到失望，学习动力也没有了。

为什么学习会跟不上计划的进度呢？因为“天有不测风云”，每天总会有些突发的事件来打断严密的计划，比如说，可能今天感冒了，明天又有人来修水管，后天有个朋友聚会。如果日程安排过于具体、紧密，就无法应对突发的情况，导致原定的计划被破坏。所以计划定得稍微宽松一点，留出余地给突如其来的麻烦，也留给突如其来的机会。

世界本身变化多端，一个可以执行的计划是灵活的，太过于具体则无法装下充满意外的日常生活，可能导致整体的崩盘。

计划还需要挑战身体心灵的舒适区。《刻意练习》这本书谈到了如何刻意训练自己从新手成为大师，其中讲到我们的身体和大脑追求平衡，同时也都有很强的适应能力。例如跑步锻炼，刚开始你会气喘吁吁，身体会以各种方式来改变，肌肉更强壮一点，身体更协调一点，原来艰难的运动变得轻松了，这时身体会再次感到舒服，所以你还要给自己加码，跑得更快、更远一点。如果你不给自己施加压力，身体就会保持原有的平衡，停止改进的步伐。

大脑在迎接新的挑战时，会以不同的方式重新布线“神经网络”，比如说强化或者弱化神经元之间的功能连接，增加新的神经元连接，或者摒弃旧的神经元连接。这将会加快大脑运转的速度。

有研究表明，人在学习新的技能时会带来大脑结构的变化，实际上比你只是重复学习原有的某种技能高效得多。但是，如果在过长的时间里，过分地逼迫自己，则会导致倦怠和低效。处在舒适区附近、离得不太远的“甜蜜点”上的挑战带来的改变最为迅速而有效。

根据心理学的“希望理论”，我们制订计划反映的是我们对自身的看法：我们想要成为什么样的人，我们有什么样的潜能可以开发。总结起来有三点：第一是将自己的目标概念化，第二是根据目标制订具体实施策略，第三是要激发自我动力。而有效的动力来自对目标赋予价值，要相信自己——相信自己所做的计划是有意义的，相信每个具体的行为都更接近所期望的目标，相信自己有足够的执行力，相信自己在完成每个具体的行为中能保持积极性，并最终实现目标。

计划让我们生活有序，努力有方向。不过世界变化很快，我们无法计划一切。一个有推动力的计划需要走出心理舒适区，接受适度的混乱和麻烦，培养自己的应变力和执行力。

简单来说八个字：坚持决定，保持灵活。

推荐阅读书目

《混乱：如何成为失控时代的掌控者》
著者：[英]蒂姆·哈福德
译者：侯奕茜

人们总是喜欢整齐，觉得有序比混乱好，从有序中能获得好处，却忽略了无序带给我们的益处。哈福德认为，有序、整齐意味着僵硬、脆弱和无创意。这本书揭示了响应能力、应变能力和创造力比以往更大的价值，以及洞察复杂世界的独到思维能给我们启发。

《刻意练习：如何从新手到大师》
著者：[美]安德斯·艾利克森／罗伯特·普尔
译者：王正林

所有人都以为杰出源于天赋，天才却说："我的成就源于正确的练习！"著名心理学家艾利克森在研究了一系列行业或领域中的专家级人物后发现：对于在任何行业或领域中希望提升自己的每个人，刻意练习是黄金标准，也是非常强大的学习方法。

《绝非天赋：智商、刻意练习与创造力的真相》
著者：[美]斯科特·考夫曼
译者：林文韵／杨田田

考夫曼小时候在智商测试后被认为有学习障碍和智力问题，但他却成为认知心理学家。他用坚实的研究和逆袭的人生证明：传统智力测量的解读是有问题的。本书揭示了智商分数并不说明一个人的未来，并改变我们看待世界的方式，每一种智力特点的人都可以通向伟大。

密码传奇里的那些往事

遇到紧急情况时，你会用莫尔斯电码发出SOS求救信号吗？

生活中处处离不开密码，打开邮箱、刷银行卡、手机支付、电脑开机等情况都需要密码。你有多少个密码呢？有时候会不会突然一下子忘记某个密码？怎样设一个好记又不容易被人猜到的密码？先让我们看看密码的真真假假的故事。

著名畅销书作家丹·布朗在小说《达·芬奇密码》里讲述了这样一个故事：哈佛大学的符号学专家罗伯特·兰登在法国巴黎出差期间，半夜突然接到一个紧急电话，得知卢浮宫博物馆年迈的馆长被人杀害在博物馆里，人们在他的尸体旁边发现了一个难以捉摸的密码。兰登与法国一位颇有天分的密码破译专家索菲·奈芙，在对一大堆怪异的密码进行整理的过程当中，发现一连串的线索巧妙地隐藏在达·芬奇的艺术作品当中。

尽管《达·芬奇密码》中的人物和情节都是虚构的，但是作者丹·布朗却肯定地表示："书中所说的关于达·芬奇的绘画、建筑、手稿中暗藏密码的那部分内容，都确有其事，而且有据可查。"他认为达·芬奇是加密术的开路先锋，其艺术作品和手稿中包含着大量令人费解的符号和诡异的代码。这本书最精彩的内容就是对加密术的探讨，尤其是由达·芬奇亲自研究出来的种种加密设计，非常有意思。

在加密术诞生之前，如何把私人信件委托给邮差传递而又不使隐私外泄，一直都是个让人头痛的问题。在达·芬奇生活的那个年代，寄信人只好每次多付给邮差一笔钱当"保密费"。为了解决这个问题，达·芬奇发明了第一代"公匙加密术"的雏形——可以保证信件安全的便携式"密码箱"。这个"密码箱"是一个安有字母拨号盘的圆柱形物体。当拨号盘旋转到特定位置拼出正确口令时，"密码箱"就会自动分成两半。而且让人放心的是，一旦有人试图用暴力手段把"密码箱"砸开，里面的信息将立即自行销毁。

达·芬奇是怎么达到这个效果的呢？原来，他将信息写在一张纸草制成的纸上，然后把它卷成小卷和一小玻璃瓶醋同时放进"密码箱"。可想而知，如果"密码箱"被砸，里面的醋瓶子也会破裂，流出来的醋会让纸草立即溶解。

国内作家麦家的《解密》《暗算》也是非常精彩的密码小说，他的密码小说特点是人奇，比如不识字的盲人却能听出成千上万个密码电波的微小差别。在根据他的小说改编的电影《风声》中，用节奏变换的曲子、衣服上长短不一的线作为莫尔斯电码的载体，对剧情起到了至关重要的作用。莫尔斯电码在早期无线电领域的地位举足轻重，是每个无线电通信者所必学的技能。由于通信技术的进步，各国已于 1999 年停止使用莫尔斯电码，但由于它所占的频宽最少，又具有一种艺术的特性，在实际生活中有广泛的应用。

除了两个基本信号和不同的间隔时间之外，也可以通过敲打声音或灯光的闪烁来表示莫尔斯电码。比如，如果你被困在房间里，可以通过手电筒或者镜子的反光发送 SOS 的莫尔斯电码求救。你只要记住：三短、三长、三短。灯光是按照“短亮、暗、短亮、暗、短亮、暗、长亮、暗、长亮、暗、长亮、暗、短亮、暗、短亮、暗、短亮、暗”这个规律来显示，这就是求救信号 SOS 的表示方式。敲击声音也是同样的规律。曾有新闻报道过，有人被困在地震倒塌的房子里，就是利用三短、三长、三短的敲击声传递出“还活着”的信息，最终获救。

华裔导演吴宇森的电影《风语者》讲述的正是一段真实的密码历史。“二战”期间，在太平洋战场上，日军总能用各种方法破译美军的密电码，令美军吃尽了苦头。为了改变这种局面，1942 年，几百名纳瓦霍族人被征召入伍，因为他们的语言没有外族人能够听懂，所以美军将他们训练成了专门的译电员，人称“风语者”。作为美国海军的秘密武器，每个“风语者”都肩负着美军的至高机密，因此，他们也受到了特别的“照顾”——每个译电员都由一名海军士兵贴身保护，在确保其人身安全的同时，如果译电员即将被日军俘获，保护者必须杀死他以保证密码不外泄。

了解“二战”历史的人都会知道，本片故事中关于纳瓦霍人的事情是史实，作为美国最大的一支印第安部落，纳瓦霍人对美军在太平洋战场上的胜利立下了不可磨灭的功勋。为此，2001 年美国总统小布什为四位当时尚健在的纳瓦霍译电员颁发了美国政府最高勋章——国会金勋章。

在今天的和平年代，密码在生活中广泛运用。你想好了给自己设一个容易记住、别人又很难猜到的密码吗？我有一个用古诗设置密码的小窍门。比如用最普通的古诗设置密码：床前明月光——bed7moonlight。如果需要数字，就用对应的字母顺序号，b 就是 2。

推荐阅读书目

《密码传奇：从军事隐语到电子芯片》
著者：［德］鲁道夫·基彭哈恩
译者：邓白桦／姚文俊／滕俊辉

密码不仅仅存在于电影和小说中。密码诞生之日起就是为战争服务的。从古希腊涂在蜡层下的文字到苏格兰女王玛丽丧命于不安全的密码，再到“二战”期间破译德国人“恩尼格玛”密码机的故事，密码被蒙上了一层神秘的面纱。这本书会告诉你一些关于密码的真实秘密，涉及了历史、科学、文化等诸多领域。

第二篇

自然维度：唤起美好的心灵

为什么哭过之后感觉很舒服

切洋葱流泪和看电影流泪的感觉有什么不同，眼泪的成分有什么不同？

人类和动物有什么不同？这个问题众说纷纭。

有人说，只有人类会制造和使用工具。不，很多动物也能够制造和利用简单的工具。例如黑猩猩会用干草戳入白蚁穴，再把干草拉出来，吃掉上面的白蚁。

有人说，只有人类有系统的语言。其实动物也有。早在 20 世纪 70 年代，就有科学家研究发现，鲸的歌声中含有像人类语言一样的语法结构。

那么，人类和动物到底有什么不同？

英国的神经生物学家迈克尔·特林布尔别出心裁地提出：人和动物的区别在于一种小小的排泄物——眼泪，这种排泄物也是唯一不让人感到恶心的排泄物。他认为情绪性的哭泣是人类的专属行为，并将之发展成为一门悲剧艺术。谁不曾为美丽、痛苦、死亡之类的触动而哭泣？

德国动物园曾经发生了这样一件事情：大猩猩妈妈失去了刚出生三个月的宝宝，她一直悲伤地抱着儿子的尸体。这个画面被电视台、报纸广泛报道，很多人看后都难过得流下了眼泪。而大猩猩妈妈始终没有流过一滴眼泪。特林布尔由此步步论证，只有人类会流下情绪性的眼泪。

2020 年武汉因为新冠病毒肺炎封城，不少宠物被迫和主人分离，其中有一只宠物猫和主人分离了一个月，主人只能通过摄像头和猫咪交流。当猫咪对着摄像头喵喵叫的镜头传遍网络时，很多人感到心酸而落泪，纷纷留言说："我觉得这只猫好像要哭了。"

当然，动物会感到悲痛，也会对同伴的情绪做出同情反应，但是并没有确凿证据显示动物会因为情感原因而流泪。即使你看到家里的宠物流泪，那也只不过是一种生物反应，部分原因是为了保护眼睛——就像人类因为剥洋葱而流泪。

人类因为情绪而流泪，这有什么意义？

其中一个原因正如中国人所说"会哭的孩子有奶吃"，对任何年龄的人来说，哭泣都是获得帮助和情感支持的有效手段。刚出生的婴儿哭声响亮，但是一般到三个月左右才会出现眼泪。婴儿能通过哭泣与周围的环境进行交流，甚至会调整自己的哭声表达特定的意图。脑成像显示，妈妈听到婴儿的哭泣时，大脑的特定区域会出现异常活动，自然而然会做出哺乳或者其他安抚行为。这就是哭泣在婴儿和母亲之间建立了一种连接。婴儿对母亲的依赖和彼此之间的紧密关系就是家庭的雏形。

眼泪可以直接明确地表达热烈的情绪状态，见证哭泣的人会因此作出反应，哭泣的一方会根据对方的反应，调整自己的行为和策略。研究人员让男性闻女性的眼泪，闻过之后男性的性唤起指数明显下降，睾酮水平也降低了。这就从生理学角度解释了为什么女人的眼泪会让男人心软。

和所有的排泄一样，人们一般不会在大庭广众之下哭泣，但是在葬礼、电影院或者剧场时，人们却毫不避讳地流下眼泪。在葬礼或者追悼会上追忆逝者的时候，哭泣甚至成为一种仪式，这再次说明哭泣在社会交流中的重要作用。但是看电影时哭泣的意义则不一样。两千多年来，人们一直通过观看悲剧流下眼泪，而今天人们夸奖一部电影时也常常会感叹："太好看了，我哭湿了一包纸巾！"

为什么人类需要通过悲剧艺术来释放情绪并从中获得满足感？哲学家、文学家都有自己的角度，迈克尔·特林布尔从神经生物学的角度一探究竟。他在对哭泣行为进行生理检测后发现，所有的艺术形式中，音乐是最能感染情绪、唤起眼泪的，例如电影《泰坦尼克号》靠深情大气的音乐催泪。而小说的催泪作用和音乐差不多。

有研究表明，眼睛受刺激流出的眼泪和情绪性的眼泪，这两者的化学成分并不相同。情绪性的眼泪中蛋白质含量较高，和受洋葱刺激流出的眼泪相比，观看悲剧流下的眼泪中促肾上腺皮质激素含量明显更多。而促肾上腺皮质激素是压力的指示剂，如果强忍眼泪则会导致压力上升，引发疾病。所以我们不能要求男儿“有泪不轻弹”，而要让男人“哭吧哭吧不是罪”。

悲剧艺术唤起的情绪，与人类的其他常见情绪大不相同。悲剧艺术唤起的不是恐惧，而是一种与社会联结以及爱相关的情绪，同欣赏美食的感受有些类似。从生理学的角度看，悲剧唤起情绪的过程不会起到宣泄的作用，但是能带来情绪觉醒与平静感交错的舒适感觉。

我们的眼睛看到的只是客观世界的表象，所以我们认识的世界，实际上是精密的中枢神经和大脑对万物过滤后留下的印象。在漫长的进化历史中，人类产生了爱的能力以及由此产生的失落感，悲剧艺术将多种感觉融合，让我们感动落泪，这种情绪也是祖先的经历发出的历史回声。而人类通过情绪化的落泪表达强烈的情感，产生万众同心的群体认同感。

推荐阅读书目

《人类为何会哭：藏在悲伤、进化和大脑里的秘密》
著者：[英]迈克尔·特林布尔
译者：董乐乐

迈克尔·特林布尔是伦敦大学神经病学研究所名誉教授，致力于神经解剖学的研究，同时也是一名精神病医生，在治疗情绪障碍上有丰富的临床经验。这本书是自然科学和社会科学交叉的有趣认识，从神经生物学的角度解析情绪控制的机制，探索艺术灵感的起源，揭示智力进化的秘密。

依恋三部曲：《依恋》《分离》《丧失》
著者：［英］约翰·鲍尔比
译者：汪智艳／王婷婷　等

鲍尔比的依恋理论提出了婴儿与抚养者（主要是母亲）的依恋关系的质量决定孩子一生的发展。成年后的人际关系相处模式、恋爱方式都受到早期依恋关系的影响。本书有助于读者了解依恋、分离和丧失感对人类心理的影响，学习如何与他人建立安全的依恋关系。

在一杯雨水中，我们饮下了整个宇宙

为什么说人类都是“活着的死者”，原子让我们永生？

“很多人不知道，我们犁的土都是星尘，随风四处飘散。在一杯雨水中，我们饮下了整个宇宙。你呼吸的空气分子，很可能达·芬奇也曾呼吸过。自始至终，生命剧场中最具分量的演员，正是组成人体的原子。我们都是原子世界的一部分。”

这句话出自《诗意的原子：8 种连结你和宇宙万物的无形元素》，作者科特·施塔格从人与万物的联系这个角度切入，通过化学元素看现代科学，讲述了 8 种对人来说最重要的元素：氧、氢、铁、碳、钠、氮、钙、磷。

施塔格是杜克大学生物学与地质学博士，自 1987 年开始担任保罗史密斯学院自然科学教授。童年的时候，他就对原子感兴趣。8 岁那年，有人给了他一张皱巴巴的纸片，上面写了一段从《伽马射线效应》节选出来的片段——这部作品由一位剧作家兼科学教师创作，并获得了普利策戏剧奖。纸片的内容是一位高中生把她的老师刚刚讲过的课程复述给她的妹妹听。

施塔格说他永远也不会忘记这个片段对他的影响，甚至肯定地说，这些话改变了他的人生，直到现在再读它们的时候还是会非常激动。

那个剧作的片段是：

> 他让我看着我的手，因为其中一部分来自一颗恒星，在想象力都难以企及的远古年代，它爆炸了……当生命出现时，也许我的这部分曾经被蕨类植物抛弃，从此被掩埋，直至变成煤炭。数百万年之后，它变成了一颗钻石——它一定和曾经所属的那颗星球一样美丽……
>
> 他说，这些物质非常小——小得不能被看见——但是当这个世界出现时，它们就已经存在。接着他告诉我，我的这一小部分是原子。而当他写下这个单词之时，我立刻爱上了它。原子（Atom），多么美的词啊！

——确实非常美妙。今天我们看到的原子形象及围绕着它旋转的电子轨道，实际上已经成了现代科学的一种象征，或者说形象代言。

原子让你成为你，原子将你和宇宙中一些最神奇的事情联系在一起：你身体的碳原子可能有十几亿岁高龄，也可能只是产生于几个星期或几个月之前；你呼出的碳会成为玉米秸秆的一部分，然后又会进入一头公牛的肌肉，最后还可能会成为狐狸胡须的一部分；你骨骼里的磷曾经让远古海洋的波浪变绿，你牙齿中的钙可能是蘑菇从岩石上开采下来的，而你血液里的铁会杀死细菌，也会杀死一颗恒星。施塔格曾说，人类的身体一直都在由过去其他人或事物使用后，又丢弃的碎片回收再利用而成。从这个意义上讲，我们都是“活着的死者”。

当你吃下食物的时候，其他生物的肉体会变成你身体的一部分；等你排泄的时候，已将闪电和火山的原子回声散播到了全球的循环之中。有一天，也许它们还会再回到你的身体里。甚至在你微笑的时候，牙齿的光泽里藏着冷战时期太平洋两岸核试验后放射尘的余辉。有一天，你会死去，但是你的任何一点都没有消失，只是不那么有序罢了。

在这些华丽的描述中，施塔格将科学的精确和趣味融合在一起，使人认识到人和自然的联系是如此紧密。我们并非独立于自然之外，我们就是它的一部分。就像诗人约翰·多恩所写：“没有人是一座孤岛，可以自全。每个人都是大陆的一片，整体的一部分。”

宇宙学家列举了我们每个人体内的元素几种可能的起源过程，除了氢原子是在宇宙大爆炸之后凝聚而成的之外，其他的元素都和恒星的衰亡有关 。

施塔格提出一个观点：最可能对全球人口形成限制的一种资源——你可能很难想象到，是磷元素。《新科学家》杂志发文称，磷的过度开采成为潜在的全球性主要环境危机之一。那些能够为我们的牙齿、细胞膜和身体其他部分提供磷元素的物质，主要来自古海洋的沉积物，按照目前的开采速度，很有可能到 22 世纪，可以开采的磷矿就不足了。虽然磷并没有在地球上消失，但是很多流落到了我们客观上不可能开发的角落。我们该如何获取元素？我们对自身和世界的认识深度，以及选择的生活方式，可以更有效地迈入理性而持续的未来。

今天，每个人都成为地质学尺度的一股自然力量，仅仅是我们排放的碳，就足以阻止下一场冰川纪，将海平面抬高并淹没海岸，甚至可能会造成所有物种的灭绝。而我们思想和心理引发的行为也会在周围的环境里产生回音，并深刻地影响未来。

推荐阅读书目

《诗意的原子：8 种连结你和宇宙万物的无形元素》
著者：［美］科特 · 施塔格
译者：孙亚飞

科特 · 施塔格是一位研究物种、气候与生命元素内在作用的科学家。他同时有着艺术家的眼光和一颗诗人的心。在这本书中，他用非凡的优雅和神韵，将无形的原子王国引入了我们的现实生活，揭示了它们与宇宙中不可思议的事情之间的联系，将科学的精确性和趣味性融合在一起。

《万物皆有理：你很熟悉但未必明白的那些事》
著者：云无心

本书说明科学不只是在实验室里，生活中处处都有科学。科学从根本上说是探索自然、认识世界的方式。如果掌握科学的思维方式，对周围的世界就能看得更加清楚，从而实现物质文明和精神文明双丰收。

人类如何影响海洋中的爱与性

人类是海洋生物最厉害的避孕药？

大海里的动物最关心哪两件事？

《海洋中的爱与性》的作者玛拉·J. 哈尔特给出的答案是繁殖与逃生。从最高的礁石顶到最深的海沟底，生命最终的目的是成功地将基因传递给下一代。

每一种海洋生物的生殖策略都与它的环境和生活方式相匹配，有在寒冷黑暗的深海里的，也有在温暖光明的礁石上的；有喜欢群居吵闹的，也有喜欢独处安静的；有在显微镜下才能看清体型的，也有令人震撼的巨大体型的。生命的生生不息让大海保持活力。

大海的深处是一个神奇绚丽的世界。电影《海底总动员》里，小丑鱼尼莫失去了妈妈，爸爸马林千辛万苦地帮助儿子成长。在真实的海洋世界中，故事将会是另外一个版本：尼莫妈妈从世界上消失后，尼莫爸爸会做出一个父亲应该做的事——改变自己的性别，成为家族中占据主导地位的雌性小丑鱼。假设这片海域中只剩下尼莫爸爸和尼莫两只小丑鱼，尼莫也很有可能成为变成雌性后的尼莫爸爸的新伴侣。因为在小丑鱼的世界中，雌性占据绝对的主导地位，一只雌性小丑鱼通常会同时拥有好几个丈夫。

海洋生物的生活方式关系到人类的食品安全、沿海发展、气候变化等全球性的问题。比如说食品安全，有 30 亿人靠鱼作为主要的蛋白质来源，而且其中一半的鱼来自海洋，但是我们长久以来对海洋生物的了解却并不多。依靠新的方法和技术，科学家才得以监测海洋栖息者的繁殖行为。

然而这 100 年来，海洋的繁衍变得有点不对劲了。

在海洋里实现交配需要克服很多难以想象的困难，最简单的就是，如何在昏暗的海底找到离得很远的同伴。正因为如此，许多物种采用群体性交配的方式，以便保证任何有可能的繁殖机会。

每个春天和夏天，月亮是满月或者新月的时候，会有成千上万的加州银汉鱼搁浅在沙滩上。它们乘着最高潮位时来到岸边，产卵之后再赶着下一次高潮时回到海里。整个产卵的洄游持续几个小时，而产卵的过程只有不到一分钟。如今银汉鱼的狂欢受到了人类的威胁。海陆交界的空间变得越来越拥挤，人类堆积的沙滩又造成了不合理的地势，导致很多海洋生物无法爬上岸筑巢。

人类对海洋的影响不止于此。比如说，雌性蓝鲸和人类都喜欢深沉的男中音，对蓝鲸来说，大一点的雄性可以比小一点的发出更低的音调。20 世纪 60 年代以来，研究数据显示蓝鲸歌声的音调一直在降低。为什么来自不同区域、唱不同歌曲的蓝鲸都降低了自己的音调？研究人员认为这和捕鲸业的发展有关，在整个20世纪估计有38万条蓝鲸被杀，甚至在60年代有95%的种群彻底地被灭绝，这导致游荡在大海中的蓝鲸能够找到配偶的机会少之又少。为了尽可能找到配偶，少量幸存的蓝鲸不得不尽量大声地呼喊。而在禁止商业猎杀蓝鲸的法律生效后的几十年里，蓝鲸的种群得到了恢复，它们之间的距离缩短了，不用大喊大叫地去远行寻找其他鲸鱼，就不约而同地降低了自己的音调。

人类已经影响了海洋中的繁殖，简直就是海洋生物最厉害的避孕药。例如，鳕鱼和黑线鳕鱼的雌雄两性，分别生活在不同深度的海水中，一般雄性鱼群生活的海域更深。而人类在特定深度的海域捕鱼，很有可能直接消灭鱼类的一半。更可怕的是，捕捞上来的都是一个性别，导致剩下的鱼类无法繁殖。

怎么办呢？

首先，人类应该改变自己的生活方式和思维方式来保护海洋生态环境。最显著的是可以改变饮食习惯，通过养殖的方式减少对海洋生物的捕捞，而不是一味地捕捞某种海鲜导致其数量锐减，影响物种生存。每年大约有6300万条鲨鱼被捕捞，渔民割下了鲨鱼的鳍，把活着的身体扔回大海，失去鳍的鲨鱼最终会死亡，而鲨鱼鳍（也就是鱼翅）并没有什么特殊的功效。

其次，建立大规模的海洋保护区，在有些地方可以用其他产业替代渔业。研究表明许多海洋物种活着产生的价值远超于被人食用。比如，帕劳是第一个在所有领海范围内禁止商业捕捞鲨鱼的国家，过去捕捉鲨鱼割下鱼鳍只能获得几百美元，但是一条活着的鲨鱼可以产生将近200万美元的价值。因为定居的鲨鱼种群能推动潜水行业的发展。经估算，活的鲨鱼能够给帕劳带来至少80%的GDP。当然这也并不适用于所有的生态行业，需要其他方式补偿。比如说印尼有一个社会企业家开辟了一种新的商业模式，帮助渔民转型为珊瑚养殖户。最开始度假村的兴起摧毁了当地的珊瑚礁，渔民新的谋生方式是帮助建立珊瑚礁供给水族馆，这比炸掉珊瑚礁的收入更高。

珊瑚礁生态学家玛拉·J. 哈尔特，曾任蓝色海洋研究所研究员，现在是非营利组织“鱼类的未来”的研究带头人，致力于海洋环境保护与海洋生物保护事业。她在《海洋中的爱与性》一书中记录了自己亲眼看见满月的时候，石星珊瑚会在一个仪式般的完美同步中释放千百万个配子，这种仪式已经持续了上千万年。

玛拉·J. 哈尔特目睹了大自然年复一年如此优雅精确的循环，体会到一种神圣的职责：要让我们认识到海洋和人类的关系，即使恢复海洋的繁育有种种的曲折，依然要怀抱希望，并为之努力。

推荐阅读书目

《海洋中的爱与性：变性的鱼、浪漫的虾、怪癖乌贼及其他深海情色奇葩》
著者：［美］玛拉·J. 哈尔特
译者：黄波

本书以拟人化的诙谐笔法和科学严谨的写作风格，将科学事实完美融入故事中，从雄性蓝鲸的浪漫情歌，到灵活转变性别的小丑鱼，重新给我们上了一堂生物课。过度捕捞、气候变化和污染都在影响海洋生物的繁殖，而海洋生物反过来也会影响人类：关乎数十亿人的食品安全、健康、经济发展以及其他全球性问题。

BBC 科普三部曲：《海洋》《生命》《地球》
著者：［英］保尔·罗斯／安妮·莱金　等
译者：李力／丛言　等

人类竟然能够潜入和 35 亿年前的海洋环境相同的水域，仿佛穿越时光回到远古；人类能潜入水下山洞，探索沉船的残骸……这是一部探险著作，珍贵的画面配上神奇的故事，有一种探索庞大世界未知角落的刺激感，并且感受着万物有灵且美。

《地球之美：一部看得见的地球简史》
著者：［法］帕特里克·德韦弗
译者：秦淑娟／张琦

在包容一切的暗黑宇宙中，我们的行星地球，是一个孤独的斑点，一粒悬浮在阳光中的微尘。然而，这个斑点是我们迄今所知的唯一家园。法国国家自然历史博物馆教授撰写的这本书让你了解 46 亿年的地球史，还有 200 余幅史前遗迹、生物、地貌的高清还原图，可以慢慢回味地球之美，心生壮阔与珍爱。

关于引力波的严肃八卦

1916年，阿尔伯特·爱因斯坦在一篇关于广义相对论的论文中预言了引力波的存在。你知道过了多久，又是谁证明了这一预言？

在宇宙的某个地方，两颗恒星相继死亡，形成了两个黑洞。大约几十亿年之后，这两个黑洞发生碰撞，合并为一个大黑洞，在最后的200毫秒时间里，向宇宙发射出极其强大的引力波。黑洞合并时，无数能量以引力波的形式，不停地向外传播，在时空中荡起层层涟漪。

当引力波的余音到达银河系的时候，人类正在创作石洞壁画；当它接近地球附近的星团时，人类进入工业化时代，蒸汽机出现，爱因斯坦通过推演证明了引力波的存在。

2015年9月14日，距离地球13亿光年的两个巨大的黑洞猛烈撞击并融合所产生的引力波来到了地球，被位于美国的LIGO探测器探测到。2017年10月3日，瑞典皇家科学院宣布将诺贝尔物理学奖授予美国科学家雷纳·韦斯、巴里·巴里什、基普·索恩，以表彰他们为“激光干涉引力波天文台（LIGO）”项目和发现引力波所作的贡献。

引力波的发现被誉为是补全了爱因斯坦广义相对论缺失的“最后一块拼图”，是过去100年最重要的宇宙学发现。

无数人参与了LIGO项目，其中几个主导者的故事颇为传奇。

雷纳·韦斯的人生道路始于一个梦想：可以轻轻松松地听音乐。而从2005年开始，他放弃了麻省理工学院物理学教授这个令人尊敬的职务，荣誉退休，一心一意待在4000米长的混凝土管道里，测量潮湿阴冷、黄蜂成群的密闭空间中发生的地震震动，收听时空震荡发出的声音。

基普·索恩小时候的志向是开铲雪车，但是8岁那年母亲带着他参加了一个天文学讲座，他的职业规划发生了变化。他师从“美国相对论之父”惠勒，并在惠勒的邀请下加入了黑洞与量子力学的研究行列，成为研究相对论的第一代物理学家。

他们两个人都经历过“二战”岁月，献身于天体物理学的原因非常简单，追求纯粹的知识，而这些知识不属于私人所有，而是全人类共有。

光有理想是不够的，还需要钱。为这个项目建造实际可行的探测器需要巨大的经费，如何申请到经费是一场旷日持久的拉锯战。因为这是美国国家科学基金会支持的最大型项目，需要经过国会同意。一些议员认为这纯属烧钱。第一任项目负责人沃格特在两年中一次又一次地去华盛顿游说。然而在一次听证会上，著名天文学家托尼·泰森发表了一番话，对这个项目来说堪称是毁灭性的打击："我们可以想象一下这段距离到底有多长，足够绕地球1000亿圈……在引力波的作用下，这么长的距离在短时间里发生变化的幅度竟然小于人类一根头发的直径，而且留给我们的测量时间不到1秒钟。此外，我们不知道这种微小的变化何时会发生，下个月，明年还是30年以后。"——今天这段话已经成为LIGO项目艰苦卓绝的最佳赞词。

在项目合作过程中，共同担任LIGO的第一任指导委员会成员的三个人：雷纳·韦斯、基普·索恩、罗纳德·德雷弗，因为个性不同、处事风格不同而产生了很多矛盾。LIGO这个名字是雷纳·韦斯想出来的，他足智多谋，有着一往无前的决心。罗纳德·德雷弗头脑灵活，有丰富的想象力。但是他们两个人却很难相处，基普·索恩就像一个居委会调解员，夹在中间听两个人发牢骚。

为了在"相当于地球周长1000亿倍的距离上测量出比人的头发丝直径还要小的长度变化"，为了给宇宙历史这部无声电影配上一张原声大碟，无数科研人员全身心地投入到引力波探测实验当中。一支规模达数百人的国际性研究团队，建造了两台灵敏度极高的巨型探测器。他们一直在跟时间赛跑，希望在爱因斯坦提出引力波概念100周年纪念日到来之前，能聆听到来自遥远太空的"引力波蓝调"。

基普·索恩在《黑洞与时间弯曲》中引用了爱因斯坦的一段话："在黑暗中默默探索的岁月里，真理似乎是唾手可得但又无以言表的感觉，让我们萌生强烈的探求渴望，让我们忍受自信与疑惑的交替折磨，直至最后我们拨云见日，一切豁然开朗。但是其中的酸甜苦辣，没有亲身经历过的人是无法体会的。”

无数的科学家在强烈探求渴望的驱使之下，辛勤耕耘，在黑暗中默默探索“那似乎唾手可得而又无以言表的真理”。

推荐阅读书目

《引力波：发现爱因斯坦广义相对论缺失的“最后一块拼图”》
著者：[美]珍娜·莱文
译者：胡小锐／万慧

本书是为一个异想天开、气势恢宏而充满艰辛的实验项目献上的赞歌。作者珍娜是美国哥伦比亚大学巴纳德学院的物理学和天文学教授，她像一个深度报道记者一样采访了诸多 LIGO 项目的参与者，记述了引力波如何被发现的故事。

《黑洞与时间弯曲》
著者：[美]基普·索恩
译者：李泳

爱因斯坦提出一个理论，把时间和空间结合为一种叫“时空”的东西不是平直的，而是被其中的物质和能量弯曲了。本书的主题是如何发现坍缩在空间下的黑洞的奇异性质。作者告诉我们最重要的一样东西是人类思想那令人惊奇的力量——在迷途中往返，在思想上跳跃，并最终发现主宰宇宙的基本定律是单纯、简洁和壮丽的。

《大图景：论生命的起源、意义和宇宙本身》
著者：[美]肖恩·卡罗尔
译者：方弦

《大图景》里没有公式、没有图片，更像一本社科文学书。它其实是根植于科学实证来整体思考世界的作品，融合了量子物理、生物演化、基因遗传、神经科学、牛顿物理、逻辑学、天文宇宙以及哲学各个领域，是对顶尖科学的综合论述，传达了科学精神，也是一本哲学思考的书籍。

“微”不足道的扬“尘”之旅

你家的吸尘器里那个小小的东西，既能创造生命，又能摧毁生命？

读完以下文字之后，你会对家中吸尘器里的绒毛刮目相看。这些绒毛，来头可不小，可能是来自撒哈拉沙漠的骆驼毛屑，可能是来自干燥的花朵碎片，也可能是公共汽车喷出的黑色炭灰，或者是宇宙星尘。

尘埃，这毫末之物，席卷天下，包举宇内，是无数微生物的栖居地，也是多种疾病的罪魁祸首。它甚至影响着星系的成形、地球的诞生、生物的灭绝、城市的消失。有诗句说“一沙一世界”，但这只是一种哲学的思考，只有今天的科学家才能告诉我们这小小的尘埃是如何创造生命，又是如何将之无情地摧毁。

科学家汉娜·霍姆斯曾在蒙古的戈壁沙漠工作，漫天狂飞的细沙吹进了她的眼睛、耳朵、鼻子甚至脑子里。同行的地质学家告诉她，不要以为沙尘是戈壁特有的景象，其实整个地球上空都覆盖着一层薄薄的飞沙。她被这个题材迷住了，开始一场扬“尘”之旅 。

这些肉眼看不见的尘埃，是诸多领域的科学家研究的对象，他们从中寻找宇宙创生、地球气候变迁以及保健免疫的秘密。研究尘埃的学者是一群很会玩的家伙。很简单，一个研究大象的科学家很容易找到一个研究对象，但是要获得尘埃样本就没那么容易了，常常还得自己发明仪器来获得样本。比如，有科学家发明了一种水下吸尘器，从南极的井底下收集星际尘埃。有科学家为了研究最后一次冰河时期遗留的尘土，想办法从冰河的钻探岩心里分离出尘埃样本。为了处理这来之不易的尘埃，科学家甚至用保鲜膜把手指头包起来，因为这来自破碎世界的单一碎片实在是太渺小了，不小心就能卡在手指的指纹缝隙里。

它们确实“微”不足道，但是却有着惊人的魔力和破坏力。

世界不可能一尘不染，太阳系就是诞生于一团星际尘埃形成的星云。而地球上的每一次降雨，都需要足够的尘埃才能有供水蒸气凝结的核中心。飘浮在空气中的尘埃其实也是微小的生命，真菌的孢子、花粉、硅藻，甚至有一种线虫都借助风旅行。在冰河地带，从天而降的沙尘简直就是大自然的外送服务，支持着地球上最荒芜地带的生命网络持续运作。海洋浮游生物利用尘埃获得营养来源，也释放出粒子制造尘埃，而这些微粒正是兴云布雨、云蒸霞蔚的核中心。

尘埃同时也是肉眼看不见的杀手。我们的身体可以阻挡天然微粒，但却抵挡不了工业生产所制造的更细微的颗粒。比如，几乎所有的花粉都会卡在鼻腔里，过敏的人对此会非常痛苦。可是花粉不会伤害你的肺部。真正威胁身体的是各种工业废气，如汽车排放的废气最小的微粒只相当于万分之一的毛发宽。美国科学家研究了各大城市污染和死亡率的关系，发现空气越污浊的城市，死亡率越高。

待在家里也并不总是安全的，大部分室内空气比室外还要污浊。家里的新沙发、干洗的衣服、樟脑球、杀虫剂都在偷偷释放出有毒的化学物质。家里的尘埃里含有致病化学物质和重金属，有一项指标便是：地毯样本中的铅含量有多少，幼童血液中的铅含量便有多少。

你知道家里最能释放有毒化学物质的东西是什么？是香烟的烟雾。香烟烟雾中有4000种化学物质，其中50种会诱发癌症。尘埃和哮喘病的关系是一个热门的话题，科学家的最新解释出人意料：患哮喘病的人之所以越来越多，或许是因为居家环境实在太干净了。

我们可以跟随星尘，开始一段令人心醉神驰的奇妙之旅。从统计学角度来说，每天都有一颗星际尘埃掉在你的车顶上，几十颗掉在你家屋顶上。而掉进大海里的宇宙星尘，被微小的杂食性生物吞进肚子，变成鱼的粪便沉到海底。

“来自尘土，终归于尘土。”这不是比喻，而是科学。无论科学技术如何发达，无论你是制造木乃伊、移植器官、冷冻大脑，都无法逃避成为尘埃的宿命。就像过去恐龙尸骸的尘埃正飘浮在今日的空气中，我们也会有同样的结局。整个太阳系都会化为烟雾。新的、旧的尘埃都会重新还给银河。而那时候，整个宇宙依然处于婴儿期。

推荐阅读书目

《奇妙的尘埃》
著者：［美］汉娜·霍姆斯
译者：陈芝仪

本书从一个微不足道的点切入，纵横戈壁沙漠、南极冰川，追寻囊括四海、无处不在的尘埃。从遥不可及的星辰，到近在咫尺的枕头，从浩渺的银河，到小小的饼干渣……就宏观而言，星系的成形、地球的诞生、生物的灭绝、城市的消失、大气的升温等都与尘埃脱不了干系。

《泥土：文明的侵蚀》
著者：［美］戴维·R. 蒙哥马利
译者：陆小璇

本书纵横上万年，书写地球的表层土壤和人类社会之间的关系变迁。我们握紧一把泥土，里面蕴含着一个环环相扣的生物循环系统，万物源于泥土，还将再次化为泥土。没有一个文明是在一夜之间分崩离析的，土壤不知不觉被人类破坏，文明也会随之逐渐衰亡。我们如何对待土地，最终也会影响到我们自己。

隐藏的创新大师

向大自然偷师，仿生技术可以创造出多少隐形财富？

世界上最安全、最有效的防晒霜是——河马的汗液。

当然，比基尼美女不会喜欢河马胳肢窝发出的气味。如果人工合成河马汗液中的有效成分，既可以防晒、杀菌和驱虫，又芳香宜人，岂不是很受欢迎？

世界上有很多组织在研究河马的汗液，这就叫仿生学，或者说生物启示。仿生学的应用很广泛，比如太阳能电池模仿树叶的形状，抗菌涂料模仿鲨鱼皮，企业借鉴红树林优化组织架构。当代仿生学不只模仿自然万物形状，还包括系统性的设计和处理问题的步骤。

仿生学研究者杰伊·哈曼在过去30年里致力于创新型产品的研发。在事业受挫折时，他到海滩散心，拾贝在手，灵光乍现，他知道了如何通过海滩拾贝来谋生：他将观察到的螺旋形状广泛应用于各种产品设计上，这为他带来可观的财富，也使他产生强烈的使命感。他是一个参与者、观察者、推动者，以一种无比兴奋的心情书写了一本有关仿生革命浪潮的《创新启示：大自然激发的灵感与创意》。

杰伊·哈曼曾在户外探险多年，目睹了许多奇特的自然景观：海底占地上百万亩的发光生物体，速度极快的军舰鸟，一跃冲天的飞旋海豚……大自然战士令人炫目的高超技艺背后隐藏的工程学原理，远远超过人类所取得的成就。

日本的子弹头列车就是借鉴鸟类头部的形状来降低空气阻力，降噪音处理则学习了猫头鹰翅膀的特点，各国科学家都在研究啄木鸟每天重重啄击树木上万次为什么没有脑震荡，并由此设计出了减震器，其耐抗冲击力是当前科技最发达的飞机黑匣子耐抗冲击力的60倍。如果能将这种减震设计运用到生活中，手机、照相机、笔记本电脑是不是再也不怕摔了？

再比如让人讨厌的苍蝇，它们表现出的空气动力学性能绝对是大自然的杰作。加州理工大学研究人员正在研究苍蝇是如何察觉到威胁，并只用十分之一秒就设计出最佳逃跑路线。如果能将这种研究应用到汽车上，应该就能避免撞车事故。

过去的发展模式都是向大自然索取，由此带来很多问题。杰伊·哈曼认为今天的环境问题和经济问题大都源于陈旧过时的商业模式，机械化水平还停留在“加热、加压、化学处理”的做法上，这些做法是不可持续的。另外，地球上每一个现存的物种都经历了千万次抉择的进化，自然的繁衍生息并不会耗尽或者危及基础资源，反而可以循环利用，形成一个高效、低能耗的生态圈。如果人类学习大自然重塑自身的方法，利用仿生技术将世界能耗和温室气体排放减半，甚至消除废弃物，那么我们将以不可阻挡的茁壮力量适应并开创一个新时代。

人们进入工业化时代以来，过于推崇工业发明，鄙视源于大自然的设计，但其实人类从古到今都从周围的动植物身上学习解决问题的办法，包括大量成功商业运作的例子：当代药典里面有7000 多种化合物是从植物中获得的，伐木业锯链的发明就是从啃木头的蠹虫得到的启发，这种锯链的年销售收入现在已经突破 3 亿美元——从自然中得到的启发，用来砍伐森林，这似乎也是一个讽刺。

商业利益和环境保护是可以共存的，一个企业向大自然学习能比开发大自然更为有利。丹麦有一座世界著名的综合大楼，模仿森林生态的循环利用模式，这一家公司的废物成为另一家公司的原料。津巴布韦的一组建筑群根据白蚂蚁的蚁穴设计，不需要空调，却能根据人体舒适度自动调节温度。仅在美国，通过仿生技术降低碳排放量和保护自然资源方面，每年就能创造 500 亿美元的产值。我们国家也加强了对仿生学、清洁技术和大规模生态系统恢复的支持力度。

如果未来的企业紧跟大自然的发展轨迹，而不是将大自然当作一个资源提取库，人类的生存环境会更好。目前很多生产方式貌似价格低廉，实际上却需要投入巨额资金以维持环境，最终导致生活水平急剧下降。

我们获得财富、满足欲望的最佳途径不是砍伐成片的森林、糟蹋海洋、排放毒气，而是依靠大自然生生不息的狂野力量和生命力。仿效大自然的高效模式，也是未来发展的方向。通过向自然界学习，我们能够为自己、子孙后代和我们的地球创造更丰富、更健康以及更令人满意的生活方式。

面对自然，敬畏自然，解决之道，就在其中。

推荐阅读书目

《创新启示：大自然激发的灵感与创意》
著者：[美]杰伊・哈曼
译者：王佩／郭燕杰

本书激情澎湃地介绍了大自然这一隐藏的设计大师，令我们用惊奇的目光发现遍布生活的仿生学现象，展现了大量仿生技术。本书将为工业、建筑、船舶、航空航天、体育、服装、医药等领域的创业者提供创新启示。

《时间的螺旋 ：贝壳里的人类史》
著者：[英]海伦·斯凯尔斯
译者：刘利平／李慷

本书讲述了贝壳和人类文明交织的故事，领略软体生命的神奇和人类文明的另类发展史。从新石器时代，贝壳就进入了人类生活，曾经是信仰、金钱、性和权力的象征。在漫长的历史长河中，贝壳扮演了重要的角色，启发了科学家在生物仿生学、海洋生态学方面的研究。

材料如何塑造我们这个世界

混凝土材料会呼吸？永远环保的材料是什么？

现在很多女生都喜欢去网红咖啡店点杯咖啡或者茶，凹个造型，拍一张清新的自拍照，再发个朋友圈，美好的小日子悠闲地过去了。不过你想过没有，在这张照片里，除了你自己之外，所有的物品由多少材料组成？马克·米奥多尼克在自家屋顶上喝茶时拍了一张照片，没发朋友圈，但是写了一本书，不是写真集，而是一本有关材料的书《迷人的材料》。

米奥多尼克，毕业于牛津大学的材料科学博士，和朋友一起在伦敦大学学院的制成研究中心打造了一个材料馆，收集了上千种物质的原材料，你可能想象不到，这些原材料既可以用来重建文明，也可以用来毁灭世界。但是！米奥多尼克告诉你，不必到博物馆就能领略科技如何推动人类社会进步，即使简单如同在屋顶上喝茶，也必须依赖复杂的材料网络才能进行。

从一张喝茶生活照入手，米奥多尼克精心选择了十种材料放到了《迷人的材料》这本书里。混凝土、玻璃、织物、金属、发泡材料……没有这些材料，你就只能光溜溜地飘在空中发抖了。

什么叫文明？文明很大程度上归功于丰饶的物质。从我们对文明发展阶段的划分——石器时代、青铜时代和铁器时代等，就可以看出材料的重要性。钢材和混凝土改变了大地的景象，硅芯片带来信息革命，新颖的生物医用材料改写了残障和老化的定义。而这些都隐藏在一张小小的喝茶照中。

例如小茶几的不锈钢腿。人类炼铁已经代代相传了几千年，但是直到20世纪之前，铸铁炼钢还是全凭经验、直觉、眼力和运气。“一战”前误打误撞造出的不锈钢，虽然因为不够坚硬被武器制造商弃之不用，却成为日常生活中最熟悉的合金材料，包括水槽、汤勺等，干净明亮，坚韧又亲民。

喝茶的屋顶是混凝土筑成的，混凝土是现代建筑的地基和主结构，但是现代人认为混凝土外观丑陋，通常会用其他材料把它隐藏起来，新型混凝土应运而生。最新的发明是会自动洁净的混凝土。制作方法是掺入二氧化钛粒子，它们吸收了阳光中的紫外线后会产生自由基，分解黏土上的有机物污垢，让污垢随风而去。罗马的千禧教堂就是用这种混凝土兴建的。二氧化钛混凝土还可以减少车辆排放出来的氮氧化物。也许有一天，建筑物和道路也可以像植物一样净化空气呢。

在阳光下品茶读书是一大享受。然而，今日的科技发展已经可以通过载体让电子书读起来很像实体书，那么有一天它会取代实体书吗？米奥多尼克认为电子书也许是文字未来的归宿，但是不大可能完全取代实体书。近年来美国的电子书销量下降，而实体书销量回升，在某种程度上印证了米奥多尼克的猜测。他完全是从个人情感的角度判断实体书不会消亡："阅读之所以迷人，在于它能带来多重的感官体验，电子书缺少实体书材料的气味、触感与声音。我们不只喜欢阅读，也喜欢感觉、嗅觉与碰触。"

在众多的材料中，真正永续的环保材料是陶瓷。中国瓷器在世界范围内曾引领风骚数百年。用上等瓷器品尝上等中国茶，可是一个庞大的生意。米奥多尼克在屋顶上喝茶用的瓷杯，是父母结婚时收到的礼物。这茶杯不仅制作精美，而且包含情感——每一次喝茶都是致敬，敬父母相亲相爱。

米奥多尼克喜欢茶，更爱巧克力，他甚至说巧克力就像一首十四行诗一样复杂与美好。我曾经以为巧克力和茶一样是自然之物，现在才知道巧克力是数百年厨艺和制造技术的巅峰之作！制造巧克力所需要的技术之复杂与高明，绝对不亚于钢铁和混凝土。

可可豆本身不能生吃，必须经过发酵、烘烤，去除苦涩，再经过机器碾压，过滤出可可脂，磨成细腻的可可粉，才能冲泡出热巧克力。接下来只有违反直觉的天才才能想得到：分离并纯化了的可可脂，磨细了的可可粉，为什么不能再把它们混合起来，加上糖和牛奶，创造出你希望的可可豆呢？巧克力由此诞生。巧克力是人类制造技术的重要发明，它带来绝妙的感官刺激。科学家做过这样一个实验，先测量情侣接吻时的脑部活动和心跳速率，再记录他们分别吃巧克力时的脑部活动和心跳速率。结果，你猜怎么样？巧克力带来的心跳加速比接吻的效果更加持久！而大脑得到的刺激比接吻带来的亢奋还要强烈！

无论科技如何发展，地球上物质的基本结构方式始终没有改变。随着我们对物质的更深了解，制造出新的材料，生命和无生命的界限也开始模糊：会呼吸的混凝土已经发明出来，拥有人造器官也不是稀奇的事情。我们的身体活动越来越依赖合成电子元件，离一个生物神经机械的世界也不远了。

物质世界和心灵世界互相影响，我们选择的每一处材料反映自己的价值观，材料也在诉说着我们的理念，展现人类的渴求。人类用习俗和语言让材料具有生命，甚至可以制造出茶和巧克力的芳香，但是情感、想象力、思维依然无法被材料所替代。

推荐阅读书目

《迷人的材料：10 种改变世界的神奇物质和它们背后的科学故事》
著者：[英]马克·米奥多尼克
译者：赖盈满

为什么玻璃是透明的？是什么让橡皮筋有弹性？为什么曲别针会弯曲？为什么不锈钢不生锈？材料如何塑造了我们的世界，又对我们的生活产生了怎样的影响？本书从技术层面探讨各种材料的科学原理，也捕捉制造者、使用者的情感和感觉，文字非常生动有趣。

《迷人的液体：33种神奇又危险的流动物质和它们背后的科学故事》
著者：[英]马克·米奥多尼克
译者：孙亚飞

马克·米奥多尼克特别善于从日常生活入手介绍科学知识。他在跨越大西洋的飞行中，吃着飞机餐，介绍了机油、水、咖啡、葡萄酒、洗手液等33种常见液体背后的科学知识。我们口中的唾液为什么让人觉得恶心？自然中的水从上往下流，植物体内的水为什么从下往上涌？在他幽默风趣的笔下，液体是如此的迷人而危险。

别对你身上的微生物下手

抗生素是一个有故事的处方药，不是想用就能用的？

为什么小胖墩越来越多？为什么越来越多的人患上了哮喘或五花八门的过敏？有可能是你妈妈没有把祖传的微生物传给你！

这是《消失的微生物》一书的作者马丁·布莱泽提出的振聋发聩的观点：在过去的几十年里，由于滥用抗生素及剖宫产手术增多，我们在不经意间已经伤害了与人类协同演化数十万年之久的微生物朋友，扰乱了人体内微观生态平衡，进而危害了下一代的代谢、免疫和认知能力。

马丁·布莱泽是纽约大学人类微生物组计划负责人、美国总统防治耐药细菌顾问委员会主席，被《时代》杂志评为2015年全球最具影响力的100人之一。

他认为，我们从妈妈那里得到的不仅仅是一半的染色体和线粒体里面的遗传物质，还有友好细菌。自然分娩的孩子，在经过产道时，全身会涂满友好的乳酸杆菌和双歧杆菌，嘴里也会吸进去大量的这些友好细菌。母乳里不仅有友好细菌，还有友好细菌需要的营养。友好的“先锋细菌”能产生很多的乳酸和乙酸，让肠道变酸，不利于病菌的生长，还能帮助保证孩子建立健康的菌群。现在的医院如果忙活着把刚出生的婴儿洗干净，有可能就把包裹孩子的天然皮脂洗掉了。一起被洗掉的还有数百种有用的成分，包括抑制特定危险细菌的蛋白质。

抗生素本来是微生物产生出来对抗其他微生物的。1945 年获得诺贝尔医学奖的弗莱明在获奖致辞里曾警告人类：无知的人会因滥用青霉素而筛选出耐药细菌。现在科学界的主流意见是，抗生素的滥用导致了耐药细菌的蔓延。在美国，每年至少有 200 万人感染上耐药细菌，2.3 万人因此丧生。

祖传微生物的消失会带来什么后果？马丁·布莱泽提出假说：“各种现代疾病，包括过敏、肥胖等，都与微生物的消失有关。”这个假说目前还在研究中，尚无定论，但是为如火如荼的微生物组学研究提供了一个功能性的解释框架。《消失的微生物》的译者，美国伊利诺伊大学微生物系博士生傅贺说：“如果确实成立，这将是重大的医学进展，影响力不啻当年发现维生素。”

例如幽门螺旋杆菌是双面共生的经典案例。这种微生物在一半人的身体内存在。医学界开始认为幽门螺旋杆菌是病原体，有人提出口号“幽门螺旋杆菌没一个好东西”，但马丁·布莱泽课题组的研究表明幽门螺旋杆菌亦敌亦友，随着人的衰老，会增加患胃溃疡与胃癌的概率，但同时也降低患胃食管反流疾病或者其他一系列癌症的概率。如果使用抗生素消灭幽门螺旋杆菌，胃癌发病率降低，但食管腺癌发病率却在攀升。

剖宫产和抗生素的实施和使用都是出于良好的动机，也确实挽救了很多生命。如果迫不得已必须实施剖宫产手术，如何弥补祖传的微生物呢？布莱泽的妻子格洛丽亚研究出纱布技术：将一团纱布放在母亲的产道里，收集到满是细菌的分泌物，等孩子一出生，就小心地将分泌物涂抹到婴儿的皮肤和嘴上。这种技术能不能弥补剖宫产的不足，会不会引发新的问题？这需要进一步研究。但是从微生物的角度讲，这是朝正确的方向迈出的第一步。

从政府层面来说，欧洲、美国、中国等国家和地区都认识到减少不必要的剖宫产手术和遏制抗生素滥用的重要性。例如 2016 年 8 月 25 日，中国国家卫生计生委等 14 个部门联合发布了《遏制细菌耐药国家行动计划（2016—2020 年）》，要求从国家层面实施综合治理策略和措施，应对细菌耐药带来的风险挑战。

对于我们个人来说，一定要忍住让医生马上开药方的冲动和过于爱干净的习惯。“不干不净，吃了没病”，不是完全没道理的。只要你不是坐了地铁后吃手指头，就没必要使用抗菌洗手液，清水和肥皂已经够用了。

不可忽视的事实是畜牧业是抗生素使用的大户，80% 以上的抗生素都用在了动物身上，农场中使用抗生素促进动物增肥。而在出生后 6 个月内接触过抗生素的孩子会更加肥胖。马丁·布莱泽等人的微生物组学研究，已经发现了微生物与肥胖、免疫、认知的关联。

虽然厘清微生物组与人体健康的因果机制的研究尚未完结，但是科学家们已经意识到，我们体内世代相承的微生物不是无缘无故的存在，它们是漫长演化的产物，任何对它们的改变都可能让我们付出代价。恩格斯的告诫犹在耳畔："我们不要过分陶醉于对自然界的每一次胜利，对于每一次这样的胜利，大自然都报复了我们。"

控制剖宫产和抗生素的实施和使用，有可能最终会找到消失的微生物。

推荐阅读书目

《消失的微生物：滥用抗生素引发的健康危机》
著者：[美]马丁·布莱泽
译者：傅贺

作为人类微生物群系研究的先驱之一，马丁·布莱泽在本书中既从科学的角度梳理了现代疾病问题的来龙去脉，又从个人及社会的层面探讨了可行的解决方案，是对现代生活的全新认识。

《我包罗万象》
著者：［英］埃德·扬
译者：郑李

从天空到海洋，从地球到月球，微生物从未缺席，人类迈向月球的一大步也是微生物研究的一大步。微生物到底是敌是友？本书通过丰富的案例、生动的故事，讲述了微生物对万物生命的影响，让我们重新理解人类和微生物的古老共生关系。

《食物的心机：过敏的历史》
著者：［英］马修·史密斯
译者：伊玉岩

过敏不是病，病起来可真要命。这是一本从医学、社会学和文化的角度解读过敏的跨文化作品。从追溯过敏在社会大众、医学领域引发的争议，延伸到公共卫生、制药化工、食品生产、市场消费等各个领域，探讨了社会和疾病、自然、医学知识之间的矛盾关系。

人类文明会因为末日而毁灭吗

假如，一场灾难席卷全球，一多半的人口死亡，交通停顿，电力中断，网络消失，城市荒芜，人类文明如何重建？

很多小说和电影都描写过末日世界，例如根据漫画改编的同名美剧《行尸走肉》就是典型的残酷末日作品：人们挣扎求生，尽显人性丑恶；野心家抢夺剩余的资源，猎杀缺乏组织的人。科学家路易斯·达特内尔是个乐观主义者，他相信最初的混乱过后，道德和理智终将占据上风，幸存者会定居和重建文明。

那么人们需要哪些知识才能从灰烬中崛起？

在刘慈欣的《流浪地球》一书中，人们已经开始住在地下城市，地面是危险的地方。而达特内尔在《世界重启》一书中描述后末日时代更加合理的居住模式是围绕着死去的城市建立定居点，幸存者可以从城市回收有用的材料，而乡下有肥沃的土地和脱离电网也能居住的老房子。实际上20世纪90年代的波黑战争中，萨拉热窝的居民就把首都的公园变成了菜地。

在后末日时代这样极端的情况下，我们如何生存？很多实用的知识都可以派上用场。例如，最能防腐的食品是罐头食品，能够保存长达数十年；在没有医药的情况下，可以用超强力胶水缝合伤口。

如果受到核污染，哪里去找恢复生物多样性的种子？今天世界上有几百个种子银行，其中最大的就在伦敦附近，里面有亿万颗种子，其保险库能够抵抗原子弹的攻击。保存时间最长的是挪威的斯瓦尔巴全球种子库，位于北极圈内，因为被永久冻土包围，即使断电，也能将温度保存在零摄氏度以下。

人类引以为傲的现代城市，失去了电力、燃料和空调的支撑，就会变得不适合居住，甚至危机四伏。今天城市化进程加快，如果说我们奶奶那一代还会种棉花、纺线、织布，我们的妈妈还会踩缝纫机、织毛衣，我们和我们的下一代就只能从商场里买衣服了。仅仅是两代人之前，我们与土地的联系还是那么密切。而现在，我们每一个习以为常的现代技术背后都要靠大量的其他技术作为支撑，不要说一个手机，哪怕是一支铅笔，也没有一个人能凭一己之力制造出来。

难道城市是没有意义的吗？非也。灾难后人口开始恢复，城市化再次促进具备不同技能的人群协作和互相启发，群居不仅有助于贸易交流、加速技术水平的发展，而且有助于一种更有价值的商品的迅速流通——思想。

达特内尔借助大灾变的假想，巧妙地把人类的科技发展串在一起，例如英国登记出生、死亡和婚姻证明的墨水和中世纪的配方一样，鞣酸铁墨水——来自植物的提取物和硫酸亚铁化学反应而成。美国宪法的手写稿也是靠鞣酸铁墨水传世。同时，他也进行了反思。比如化学在当代社会遭受了严重的污蔑，似乎是化学破坏了这个世界，食品制造商常常告诉我们不含人工化学成分的食物才是健康的，实际上大自然中的纯水本身就是一种化学物质。人类建造文明不仅是掌握了农业制造业，应用了机械，更是因为能够转化不同的物质，制造出文明赖以建立的原材料。

重启原始化学工业的第一步简单得令人陶醉：把木材燃烧后的灰烬投入一罐水中，撇去炭渣，蒸干水分，你就得到了草碱。加上一点猪油，你就可以制造肥皂。如此简单的化学物品却是人类文明的结晶，也是对瘟疫最简单而有效的抵抗。

“废墟在我内心引发了宏伟的想法。一切都回归于无形，一切都会消失，一切都会逝去，只有世界长存，只有时间永续。”狄德罗的诗句激荡起我们心中的诗意。在分科越来越精细的今天，我们假想世界重启，通过倒转时钟，重建农业、电力、机械，重建历法，重建人和星球运转之间的联系。

大灾变之后，如何快速再造文明？通过这样一个思维实验，但愿我们能对生活中习以为常的事情心存感激，领悟到科学知识和批判性分析的重要性。

末日只是一个假设，若想长久保持现有文明，需要培养好问爱

大脑在迎接新的挑战时，会以不同的方式重新布线“神经网络”，比如说强化或者弱化神经元之间的功能连接，增加新的神经元连接，或者摒弃旧的神经元连接。这将会加快大脑运转的速度。有研究表明，人在学习新的技能时会带来大脑结构的变化，实际上比你只是重复学习原有的某种技能高效得多。

无论科技如何发展，地球上物质的基本结构方式始终没有改变。随着我们对物质的更深了解，制造出新的材料，生命和无生命的界限也开始模糊：会呼吸的混凝土已经发明出来，拥有人造器官也不是稀奇的事情。我们的身体活动越来越依赖合成电子元件，离一个生物神经机械的世界也不远了。

我们获得财富、满足欲望的最佳途径不是砍伐成片的森林、糟蹋海洋、排放毒气，而是依靠大自然生生不息的狂野力量和生命力。仿效大自然的高效模式，也是未来发展的方向。

有30亿人靠鱼作为主要的蛋白质来源，而且其中一半的鱼来自海洋，但是我们长久以来对海洋生物的了解却并不多。依靠新的方法和技术，科学家才得以监测海洋栖息者的繁殖行为。

学、善于分析、基于实证的思维方式，社会才不会沦落到迷信和巫术当中。

推荐阅读书目

《世界重启：大灾变后，如何快速再造人类文明》
著者：[英]路易斯·达特内尔
译者：秦鹏

本书是一场伟大的思维实验，也是重新梳理人类文明发展的知识指南。在科学发展的今天，当我们沉浸于文明带来的便利时，或许更应该思考一下，假如文明崩溃，我们该何去何从？

《半个地球：人类家园的生存之战》
著者：[美]爱德华·威尔逊
译者：魏薇

“社会生物学之父”、两届普利策奖得主、进化生物学先驱爱德华·威尔逊，讲述了物种灭绝的故事，以及探索生物多样性的未来出路与方法。人类作为旧世界灵长类动物中的一个幸运物种，是自然选择演进至今的产物之一。而这一切从地质学角度来看，不过是转瞬之间的事。如果人类狂妄自大，不但其他生物会灭绝，也将人类自身带入万劫不复之地。

为飞行而生的生命

你在野外观察过飞鸟吗？你能认出几种鸟？

这几年随着环境保护意识的增强、城市环境的改善，大家在身边也能看到很多鸟。有一天，我路过崇文门一座过街天桥，居然在监控摄像头后面看到了一个鸟巢，里面的一只小鸟一点也不怕人，瞪着我，眼珠子骨碌碌转。当然我不认识这只鸟，给它拍照留影，回来发朋友圈向大家询问这只鸟的名字。有爱观鸟的朋友告诉我这是珠颈斑鸠，俗称野鸽子，也是城市常见的鸟类。

如何了解我们身边这美丽的朋友？我们可以参加所在城市的观鸟爱好者小组，也可以看一些博物学图书，或者将二者结合起来，增进自己的科学素养。

给大家介绍一位诗人和一位画家珠联璧合共同创作经典著作的故事，他们观鸟、画鸟、写鸟，融合科学和艺术、自然与人文的知识于一体。

欧仁·朗贝尔，是19世纪瑞士的一位斜杠青年，他是作家、诗人、教育家、文学评论家、艺术评论家和博物学家，一生醉心于自然，对动物、植物、矿产，乃至云朵、水流无不有着浓厚的兴趣。

另一位是保罗·罗贝尔，出生于艺术世家，他的父亲和儿子都是画家，他本人是19世纪中期瑞士最重要的画家之一，其画作两次获得国际金奖。罗贝尔50岁左右的时候将精力投入到自然科学作品中，长期持续观察自然，多次举办画展，画花花草草和小鸟不算稀奇，还举办过毛毛虫画展呢。

1879年至1881年间，这两位喜欢观察大自然的人联手创作了博物图书《飞鸟记》。保罗·罗贝尔在给《飞鸟记》画插图的时候，不只是一个画者的身份，也是一个博物学的合作者，为写作者朗贝尔提供了必要的素材。

画得有多好呢？譬如书中有些古旧的英文名称给中文翻译带来了很多困惑，但是依靠精妙的图片还是基本确定了是什么鸟。翻译者说不止一次被网络照片和本书图片的高度相似而震惊到。《飞鸟记》的序言里写道：这部作品流芳至今，除了画作与文字的出类拔萃之外，更在于它袒露出来的情怀：对生命的尊重，对自由的向往，对乐观的歌颂，对平等的追求。

我对此言深以为然。《飞鸟记》描述了五十种鸟，既有共性又各具特色，“就像大自然永不停歇地变换着造物的手段”。朗贝尔写作的窍门在于，所写的不是完全客观的自然解剖，而是把鸟类当作生活在我们眼下的人物，它们的姿态、品德、感情甚至小小的伎俩，都和我们人类相似：家麻雀好像街道上顽皮的小子，夜鹰是孤僻的夜行者，而苇莺在沙滩上懒洋洋地做着春梦，还有些鸟懵懵懂懂地过一生。

我印象最深的是对各种鸟类飞翔的描写，朗贝尔用诗意盎然的笔调描写不同鸟类的飞行特色，寄托对自由的向往。“鸟之所以为鸟，不在于羽毛之鲜亮、鸣唱之动听，而在于其羽翼。”

譬如麻雀和燕子是和人类亲密接触的鸟类。麻雀生活在人群中，要学着探索散落在路面上的垃圾，辨别意外之财，选择合适的时机。选择合适的时机，这可是一门大学问。“半耷拉着翅膀，漫不经心地蹦蹦跳跳，就像一个两手插兜的调皮的孩子在闲逛。没有一丝目光透露出它隐秘的想法。然后……它突然转身，咬住早已觊觎的猎物，消失了。也就是一眨眼的工夫！”同样是住在人类屋檐下的燕子，学飞的风格却不同：“向鸟巢外边俯身，试着扇动翅膀，却没松开脚……终于，它在空中了。它觉得撑不住了，它的翅膀会忽地一下突然变大，它此前从未这样打开过翅膀。空气托住了它。”

野外的云雀，在初夏的漫长白天里飞翔。“逐渐长成的庄稼随风起伏，当东方刚刚变红，云雀就飞冲出去。向上！一直向上！时不时，它停下来，悬浮空中，随即，不满于距离地面如此之近，它再一蹿身，越去越远。”而戴菊又不同，“它像一支箭般飞射出去，一下啄住猎物，丝毫没有触碰到树叶，只会见到叶片轻轻颤动”。

说到水面上的灰鹡鸰，语气非常温柔，“迅猛地掠过那些水流，又折身观察波浪，一边盘旋、嬉戏、游泳，一边不停地发出喜悦的短鸣。这是不经思考就可以脱口而出的心声，有时带着有回声的颤音，更加绵远悠长”。

在描写雨燕的飞翔时，朗贝尔发出了大声的赞叹：“在清冷的蓝天中，上升，下降，描绘出条条曲线，而做这一切，不会头晕目眩，不费吹灰之力，就如我们走路呼吸一般。我们永远都体会不到这份欢愉！”

随着时代的发展、科学知识的更新，一些经典图书的自然知识也可能变得陈旧。例如说到杜鹃和啄木鸟，作者老实承认在野外的观察并不多，对其习性所知有限。所以我们今天提倡多看一些不同的图书，同时走出家门，在不惊扰鸟类生活的同时，在一定的安全距离外去观察它们。不是靠闭门造车的臆想，把预想模式强加于对外部世界的描绘，而是谦恭地服从于大自然，注视它，倾听它，让它发声。

走在路上，在拥挤的人群中，偷空瞄一眼天空飞过的小鸟，那也是一个赏心悦目的时刻，唤起我们心底的欢欣。每一声鸟鸣，每一次滑翔，都是大自然的爱的倾诉。如同泰戈尔的诗句：“天空没有飞鸟的痕迹，而我已飞过。”

推荐阅读书目

《飞鸟记》
著者：[瑞士]欧仁·朗贝尔／保罗·罗贝尔（绘）
译者：高璐／侯镌琳

本书是畅销百年的经典之作，每一幅画的自然环境都经过仔细研究，而不是照着标本画画。整本书的文字简洁优美，如诗如歌，相配的图画色彩鲜艳，神形兼备，力图“在大自然的环境中表现出鸟类身上某些诗意的东西”。

《窗外飞过一只鸟：如何成为一个观鸟者》
著者：[英]西蒙·巴恩斯
译者：廖晓东

观察鸟儿并不需要跑到很遥远的地方，在日常生活中就能够随时观赏鸟，放松自己的精神。作者讲述了自己生命中和鸟的情缘，因为鸟而结识朋友、弥合亲情、收获爱情。同时也谈到了许多深刻而严肃的理论问题，比如说科学进步、濒危鸟的保护、未来环境的前景。

《逛动物园是件正经事》
作者：花蚀

作者是中国动物学会会员，走遍中国56座动物园写下了这本书。书中涉及200多种动物，探讨了动物园存在的意义、动物的福利、人和动物的关系以及如何观看动物。好的动物园能够让游客获得愉悦的心情和知识，并最终能够促进人类日常行为的改变，减少对环境的压力，和野生动物们共享一个地球。

有疫苗可以预防癌症吗

中国人没有分餐制的习惯，而不分餐是如何一步步导致胃癌的？

导致癌症最重要的因素是什么？基因？污染？饮食？抽烟？都不是。和癌症发生率最相关的因素是年龄。随着人类平均寿命的增加，得癌症的概率越来越高。《癌症·真相：医生也在读》的作者，美国杜克大学癌症生物学博士李治中幽默地说："为什么苍蝇很少得癌症？因为还没有来得及得癌症就已经死掉了。"

除了年龄，还有其他因素影响癌症发病率。

例如，中国是世界上乙肝病毒携带者最多的国家，也是原发性肝癌发病率最高的国家。又比如中国有70%的成年人携带幽门螺旋杆菌，很多人都不知道自己被感染了，而幽门螺旋杆菌慢性感染会把胃癌发病率提高3到12倍。因为中国人不实行分餐制，病菌很容易通过口口传播。另外食用高盐腌制食物也是引发胃癌的重要原因。

中国的食道癌发病率也很高，原因包括长期抽烟、喝酒、吃烫的和腌制的食物，还有病毒感染。在广东周边地区鼻咽癌发病率奇高，有遗传基因的原因，而喜欢吃腌制食品也是诱因。

其实，这些癌症是可以预防的，如乙肝病毒就可以注射乙肝疫苗，幽门螺旋杆菌可以用抗生素治疗，饮食方面少吃高盐腌制的食物，不吸烟、少喝酒、少吃滚烫的食物。

现在大家都很担心空气污染，因为这是看得见的伤害。李治中说其实水污染比空气污染要危险得多，一方面是因为已知的致癌物溶解在水中的能力远远超过存在于空气颗粒中的能力，另一方面是因为水中的致癌物通过消化道吸收进入血液可以到达胚胎，就有可能影响胚胎的基因和发育。从数据上能够看到，中国的癌症村发病原因往往可以归结到水污染或土地污染上。

生活中有各种关于癌症的传言，比如很多人担心手机辐射和脑瘤的关系。2011 年，世界卫生组织下属的国际癌症研究机构把手机归到了“可能致癌物”一类，但“可能致癌物”的意思就是目前还证明不了它致癌，但值得继续关注。列入“可能致癌物”的标准并不高，咖啡也同样属于“可能致癌物”，你会害怕喝咖啡吗？相比起来，一些医用仪器的辐射更危险，小孩子应该尽最大可能避免做 CT 检查，大人也要少用，没有必要每年做 PET－CT 检查，纯属花钱买罪受。除非是高危人群（55 岁以上、长期吸烟、有癌症家族史，有已知基因突变的），可以定期做一些靠谱的癌症筛查。

有的人会问，可以接种癌症疫苗吗？作为专家的李治中指出，癌症实际上是几百乃至上千种疾病的集合体，每种癌症的特质不一样，不可能有一种疫苗能预防所有的癌症。目前在美国有三种上市的癌症疫苗，其中两种是预防性的，即预防肝癌的乙肝病毒疫苗和预防宫颈癌的人乳头瘤病毒疫苗，严格来说这两种算病毒疫苗。第三种才是真正意义上的癌症疫苗，是针对前列腺癌的治疗性疫苗，但是效果很有限，患者接种疫苗后，平均存活时间只延长了四个月。从科学的角度讲，如果基础科学进一步发展，对肿瘤基因组和免疫系统工作原理的理解增加了，还是有可能开发出针对某些癌症或者突变的预防性癌症疫苗。

正是像李治中这样的专业人士，用我们听得懂的语言科普最让人担心的癌症的医学知识，消除大家的恐惧，我们才能够正视自己的身体，好好爱护身体。正如北京协和医学院原校长曾益新在《癌症·真相：医生也在读》一书中所说："医学作为整体，不只是一门科学和技术，还包含着人文精神，尤其是与人沟通的艺术，把更多的疾病知识真诚而透明地传递给大众，对营造和谐的医患关系是大有裨益的。"

当然科普书不能指导大家就诊，更不能代替临床医生的专业意见，如果你所了解到的治疗癌症的知识和医生意见有矛盾，还是听主治医生的吧。

推荐阅读书目

《癌症·真相：医生也在读》

著者：李治中

作者是著名科普作家，北京大学医学院客座教授，美国杜克大学癌症生物学博士，前跨国顶尖制药公司癌症新药开发部实验室负责人。这本书把癌症的一些基本知识明明白白地讲给大家听，知其然，知其所以然，告诉你哪些癌症流言不靠谱。

《癌症·新知：科学终结恐慌》

著者：李治中

很多癌症不等同于绝症，延长生命甚至治愈都完全有可能。最大的恐惧是恐惧本身。作者用诙谐幽默的语言把国际上最前沿、科学、靠谱的抗癌知识以及科学思考的方法分享给读者，减少恐慌，少走弯路。

玉米养活了清朝，又干垮了它吗

如果你穿越回唐朝，你能吃到玉米和甘薯吗？

全球化是从什么时候开始的？美国作家查尔斯·曼恩在《1493：物种大交换开创的世界史》里将时间推移到500年前，当浩大的船队将美洲的白银运到中国时，意味着全球化时代的开始。

很多看似无关的事情却有着紧密的联系。例如，我们都知道明代严禁私人从事海上贸易，甚至一度命令沿海官员销毁所有私人的出海船只，但是在16世纪中期，尽管朝廷满心不乐意，还是卷入了全球性的交流网络。因为当时明朝的货币制度失控，为了得到必需的白银，中国解除了贸易禁令。玻利维亚的波托西、菲律宾的马尼拉、中国厦门附近的月港，曾经因为连接世界经济而举世闻名。

当时在福建以北、长江下游的村子里，密密麻麻地开满了小型的丝绸厂，月港的商人将丝绸卖到马尼拉，可以获得30%至40%的利润；西班牙商人加价两三倍甚至四倍，销售到美洲和欧洲，价钱依然比西班牙本土生产的还要低；同时大量的生丝让墨西哥兴起了一门产业，数以千计的裁缝用中国丝绸制作成品销往美洲各地以及大西洋彼岸。福建的商人最初是把丝绸当布料出口，但很快就能仿造欧洲最新款式的服装。

丝绸贸易带来滚滚白银让明朝成为一个强大的帝国，但白银对明朝来说也是个政治威胁。因为明朝没有办法控制白银贸易，也没有办法掌握它的来源，甚至对大量走私来的白银也束手无策，最终白银价格下跌。1640 年前后，明朝依然用白银纳税，却没有根据通货膨胀来调整税率，依然按重量为单位而不是价值来收取白银。按等量计算得到的税金当然就不如以前了。明王朝出现收入短缺，连国防开支都难以为继。有一些历史学家认为，明王朝严重依赖白银贸易，最终被推到了悬崖的边缘。当然这个观点是有争议的，一个王朝的覆灭并不是一个因素就可以解释的。

影响中国历史的除了白银，还有从美洲来的烟草、甘薯和玉米。在《哥伦比亚大交换》这本书里写道："在旧世界，没有哪个大规模的人类群体比中国人更快地接纳了美洲的粮食作物。"甘薯、玉米、烟草、辣椒……这些都是今天中国人日常生活的一部分。很难想象，如果没有来自美洲的辣椒，怎么会有麻辣鲜香的川菜？

甘薯进入中国是一段走私偷渡的小故事。16 世纪 90 年代初，厦门月港的商人陈振龙在马尼拉吃到了西班牙人带来的甘薯，很喜欢这甜脆的植物，他把甘薯的藤缠在绳索上，装进筐里，以此逃过了西班牙的海关人员，将甘薯带回了中国。他的儿子陈经伦是福建巡抚的幕僚，受命推广种植甘薯，减少了饥荒。甘薯来到中国的路径当然不止这一条，它因为易于种植很快成为福建穷人的食物。

甘薯在福建的传播，正赶上明王朝的灭亡。清军要求沿海的居民内迁，沿海居民像潮水一样地涌入了福建、广东和浙江的山区。贫瘠的土地上无法种植水稻和小麦，于是农民大量种植来自美洲的作物。玉米可以在非常贫瘠的土地上快速生长，甘薯甚至能在玉米都不能生长的地方种植。而在中国的西部，广泛种植的是玉米和同样来自美洲的土豆。第一个发现大熊猫的西方人谭卫道曾经在陕西一个边远的山区吃饭，他说除了几个配菜，其他的跟在印加帝国没有什么区别——都是玉米和土豆。

玉米、土豆、甘薯的广泛种植，养活了更多的人口。18 世纪末期中国人口开始快速增长。难道中国人口多要怪玉米、土豆和甘薯吗？当然不是，人口增加跟清政府的税收、收购粮食的方式、灾难救助机制等都有关系。

甘薯、玉米和烟草的兴起，促进了清朝的繁荣，也导致了它的崩溃。1700 年到 1850 年间，清朝鼓励向山区和西部移民，让这些作物的种植面积增加了两倍。为了开辟更多的耕地而砍伐森林，造成严重的水土流失，洪水也变得越来越频繁。浙江在 1802 年和 1824 年两次下令禁止在山上种玉米，但是收效甚微。这些最容易种植的作物最终导致了长期的大规模的生态灾难，持续的洪水引发了持续的饥荒和动荡。查尔斯 · 曼恩说，来自美洲的白银也许将明王朝推向了崩溃的边缘，而来自美洲的农作物则破坏了原本就摇摇欲坠的清王朝的基础。

外来的动植物、矿物和疾病的冲击，产生了前所未有的财富、痛苦和社会巨变。种种看似无关的事件，却隐含着紧密的联系，也正是这些事件加速了现代世界的形成。

推荐阅读书目

《1493：物种大交换开创的世界史》
著者：[美]查尔斯·曼恩
译者：朱菲／王原　等

全新解读哥伦布登上美洲大陆之后的世界史，“哥伦布大交换”使神秘的美洲大陆与其他独立的大陆之间产生了混乱的交流与碰撞——美国独立与疟蚊，英国工业革命与亚马孙的橡胶，美洲白银和明朝灭亡的加剧……种种看似无关的事件，却隐含着紧密的联系。

《哥伦布大交换：1492 年以后的生物影响和文化冲击》
著者：[美]艾尔弗雷德·W. 克罗斯比
译者：郑明萱

1492 年哥伦布首次航行到美洲大陆，是世纪性大规模航海的开始，也是旧大陆与新大陆之间联系的开始，引发各种生态上的巨大转变。物种的交换，改变了欧洲人、美洲人、非洲人及亚洲人的生活方式。而病菌感染、文化冲击，深刻改变了人类历史格局。

《贸易打造的世界：1400 年至今的社会、文化与世界经济》
著者：[美]彭慕兰／史蒂文·托皮克
译者：黄中宪／吴莉苇

本书是一部关于全球化的经典学术读物，以贸易为线索串起了市场、商品、运输、暴力、历史文化，指出人类现代文明的进步并不是西方的专属功劳，拉美、东亚等都对全球化进程作出了巨大的贡献，比如福建人的贸易网络、中国的朝贡制度。

《影响世界的中国植物》
著者：《影响世界的中国植物》主创团队

本书将中国境内跨越46亿年历史长河的丰富多彩的植物图景呈现出来，重点讲述了水稻、茶叶、竹子、桑树、大豆、柑橘等28种植物如何塑造了中国文明、如何影响了世界，不仅普及自然科学知识，也是对大自然的礼赞，让人重新思考农耕文明中人和自然的关系。

与野生动物相遇的时刻

北极的蚊子，大海的鲨鱼，草原的狮子，谁更厉害？

“每次我见到动物的时刻，都像是利刃戳进了布料。”博物学家、冒险家、美国当代优秀的自然主义作家克雷格·查尔兹，几十年来肚皮贴地穿过森林去寻找野生动物，然后记录下像响尾蛇吱吱声一样让人吃惊而迅速的瞬间。在《遇见动物的时刻》中，他用冷峻而激情的笔尖戳了几十个洞，让我们探查到另一个世界——那是有关进化、饥饿和死亡的微妙时刻。

查尔兹讲述了和将近四十个野生动物屏息相遇的故事，天上飞的、地上爬的、水里游的，给你超乎想象的震撼。你认为最凶猛的、最可怕的动物是什么？豹子？鲨鱼？狮子？秃鹰？全都不是。让见多识广的他痛苦得发疯的竟然是它！小小的蚊子，北极的蚊子。

查尔兹在加拿大育空河地区遭遇了蚊灾。北极的蚊子本来是生态中重要的一环，北极没有蜜蜂，野花要靠蚊子来传播花粉。北极蚊子的生存时间很短，它要在有限的时间里吸食花蜜、驼鹿的血，以便产卵繁衍后代。但是随着全球气候变暖，蚊子的生存时间和存活率大幅上升。查尔兹说北极是全球蚊子最大的集中营，如同后街的暴徒一样凶残。他的朋友面罩里混进了蚊子，被咬得抱头打滚，几乎发疯。

蚊子在同类大小的生物里，神经网最为复杂，它能通过空气感知人类呼出的二氧化碳。如果是微风，蚊子能在足球场大小的范围内准确定位你。有两个只穿了短裤的加拿大科学家，在狼狈逃生后数了数身上的包，估计频率是每一分钟被叮数千次！还有一个当地的生物技术人员，他根本不需要用巴掌打蚊子，顺手抓住飞过的蚊子，一个一个掐死，一连掐死了 151 只。北极的蚊子甚至凶猛到可以刺穿帆布和橡胶。如果没有任何防护，不到一个小时你就会被蚊子们生吞活剥了。

查尔兹最后的防线只有一个——剧毒的避蚊胺，如果涂在脸上，蚊子就不敢落下来。但是这玩意儿不仅能融化硬塑料干燥箱，也能让人中毒而死。你就选吧，让蚊子咬死还是自己服毒？他挣扎着到了本地人的村庄，希望找到土办法。一个印第安老人拿出一瓶雷达喷雾剂，不是喷蚊子，而是喷向自己的脸。这段经历如同查尔兹所说："动物的生活在臆想之外，远远超出了科学论文和营地篝火旁故事的范围。"

不过，查尔兹在野外碰到的动物奇遇比不上他在繁华都市遇到的令人震撼。2002 年 9 月 11 日，美国世贸大厦倒塌一周年，两束纪念性的光柱并排射向天空。查尔兹和朋友在繁忙的曼哈顿街道穿行，这里有隆隆作响的汽车、拥挤的观光客和喧闹的小贩。但是他注意到光束中有奇怪的东西在飞舞——那是数不清的飞鸟。迁徙的群鸟本来是靠星星和月亮判断方向，当时却被困在了人造的光束中，颠倒了晨昏。无数燕、鸦、鸥、鹰，在光亮中进进出出，不断翻倍，交织成乱流，如同巨浪般汹涌，无尽无休。本来是为了纪念灾难的光束却制造了另一场屠杀——许多鸟会精疲力竭而死去。更震撼的是，在这世界上最繁荣的地段，几千人前胸贴后背地行进，却很少有人停下匆忙的脚步，留意头顶上这不同寻常的死亡一幕。

北极蚊子和曼哈顿飞鸟造成的场景似乎是恐怖大片。动物是大自然几百万年进化的神奇生灵，但是人类在短短的时间内影响了整个生态圈，许多人还怡然自得，茫然无知。

查尔兹说，把个人经历转化成文字，就好像用木棍搭起天空，动词和名词并不总能转变成这片天空的风向变化和光影移动。所以，最好你能到户外走走，可能会遇到属于你的、微妙的即时戏剧。

推荐阅读书目

《遇见动物的时刻》
著者：［美］克雷格·查尔兹
译者：韩玲

自然主义作家克雷格·查尔兹用他带有沧桑诗意的文笔讲述了一个个不可思议的和野生动物相遇的瞬间，深深唤起了人们对失去的天空、原野的记忆以及对生命的好奇和敬畏，《洛杉矶时报》把他的文字比作“纯氧气”。

《比人更有趣的哺乳动物》
著者：［英］约翰·亚瑟·汤姆森
译者：张毅瑄

英国知名自然学家的经典代表作，作者用温暖的笔触带我们进入除了人之外的哺乳动物的趣味小江湖，了解它们为求生存而演化出的独特本领：雄海狗上演实力“抢妻”，狐狸的大招是“装死”技能，兔子急了连狗都咬，小河狸拥有幸福的童年生活……

《荒野之歌：国际野生生物摄影年赛精选》
著者：［英］罗莎蒙德·基德曼·考克斯
译者：钱卫

这是国际野生生物摄影年赛历年冠军的代表作合集，见证一般人不可能目睹的震撼瞬间：狭窄冰面上艰难求生的北极熊、树冠上巧饮花蜜的蜜熊、给摄影师“投喂”食物的海豹、被人囚禁生不如死的黑猩猩……每一张照片背后都有着一个冒险故事，每一个定格的瞬间都是直击心灵的大片。

吃鸡全球化

全世界只有哪一个国家没有鸡？哪个国家吃鸡最多？

你知道吗？鸡是数量最多的鸟类，也是人类最主要的蛋白质来源，全世界有200多亿只鸡，每年产下1000多亿枚鸡蛋，源源不断地为人类提供肉和蛋。然而鸡对于人来说不只是肉和蛋，从医药发展、文学、美学到文化宗教，都是不可或缺的一环。

在地球上只有一个国家——梵蒂冈，一块大陆——南极洲没有这种动物，在南极洲科考的科学家也会吃烤鸡翅，但是国际公约禁止携带活的鸡和生的鸡肉进入，主要是为了保护帝企鹅免受鸡类疾病的侵害。梵蒂冈这个国家实在太小了，即使是教皇想吃鸡也只能到罗马去采购。

鸡虽然不会飞，却是世界上“迁徙”最频繁的鸟类。在一只鸡身上可以看到全球化的商业运作，它身上的各个部分分布在全世界各地，鸡爪子去了中国，鸡腿去了俄罗斯，西班牙人拿到了鸡翅膀，土耳其人拿到了鸡肠子，荷兰的鸡汤工厂得到了鸡骨头，而鸡胸脯去了美国和英国。巴西的鸡吃的是来自堪萨斯的谷子，美国的鸡生病了需要用欧洲的抗生素来治疗，而南美洲的鸡住在印度生产的鸡笼子里。

鸡最开始并不是作为食物被驯化饲养，而是供占卜、祭祀、娱乐之用，成为主要肉食供应物甚至是第二次世界大战之后的事情。战争时期肉只能定量供应，先喂饱军队，为了让平民也吃上肉，美国有意提高家禽的价格，鼓励农民养鸡，当时还举办了一个未来之星大赛，鼓励科研人员培育肉鸡。1948 年和 1951 年，一个叫万特雷斯的人两次赢得了全国比赛冠军，他通过欧洲鸡和亚洲鸡的结合培养了一种强壮的鸡，比普通的鸡要大一倍，肥厚的鸡胸脯肉能够直接做成鸡排，广告称这种鸡为“农场里的毛绒衫姑娘”。瘦小鸡的时代结束了。

随着城市化的发展，肉的需求量也在持续增加，20 世纪 60 年代之后，有了养鸡场的流水线系统，使得更少的饲料喂养更大的鸡。人类历史上从来没有这样快的速度、这样大的规模来饲养一种家禽，鸡仅仅 6 个星期就能迅速发育成熟，然后被宰掉。而快餐业把鸡肉推向了巅峰！2012 年，中国食用鸡肉的总量已经超越美国，并成为世界上最大的鸡肉进口市场。

作为起源于亚洲丛林的生物，鸡无声无息却不可阻挡地成为人类社会不可缺少的一部分，它们在斗鸡场斗得你死我活，同时也是代表光明和复兴的神圣使者，还是包治百病的“百宝箱”。古代的药方里会使用鸡肉、鸡骨头，以及鸡的内脏、羽毛、鸡冠和鸡蛋。不管你得了什么病——头疼、失眠、便秘、烧伤和关节炎，鸡简直就是无所不能、全天候可用、长了两条腿的“药房”。古希腊曾认为公鸡的粪便能够治疗肺部的溃烂。一直到今天，土耳其一个叫米拉斯的地方依然保留着古老的传统，用生鸡蛋清来治疗烧伤。科学家发表论文认为这种方法并没有用，反而更容易导致感染而使情况恶化。不过发烧的时候喝鸡汤的办法倒是经受住了时间和现代科学的检验，有研究发现，鸡汤里的成分有一种温和的抗炎效果，能够减轻感冒引起的上呼吸道感染。

鸡身上其他部位的功效也得到了研究的支持。比如说鸡冠里富含透明质酸，能够消除炎症，美国辉瑞制药公司养了一大批拥有硕大红色鸡冠的白色来亨鸡，用来提取治疗膝盖问题的物质，另一家制药公司则从鸡冠里提取另一种物质用来舒缓面部皱纹。

达尔文利用鸡巩固了他的进化学说，在达尔文故居还有他当年亲手做的鸡标本。而法国微生物学家路易·巴斯德利用鸡制作出了第一支现代意义上的疫苗。今天，鸡蛋依然是人类每年用于制作免疫血清的媒介。流感疫苗里的有效成分需要从鸡蛋中提取。正因为如此，才有了“对鸡蛋过敏者禁止接种流感疫苗”的限定。

安德鲁·劳勒在《鸡征服世界》的序言里说：“我们在很多方面和鸡很像，我们就像这群后院里的家禽，既温顺又暴烈，既平和又易怒，既优雅又笨拙，想翱翔于苍穹，却被囚困在地面。”

人和鸡都想上天呢。20世纪60年代，美国的科学家用实验证明了鸡可以抵抗住外太空的辐射环境，能够在星际旅行中存活下来。美国国家航空航天局一直梦想着宇航员能够带着一只活鸡登上火星。想象一下，在火星上粉红色的黎明下，人类的第一个外太空据点，公鸡开始鸣叫，这是多么美好的宏伟蓝图啊！

推荐阅读书目

《鸡征服世界》
著者：[美]安德鲁·劳勒
译者：萧傲然

如果鸡从世界上消失，就会影响人类社会的正常运转。这是一本跨文化、跨学科的作品，论述了鸡和人类的紧密关系，也折射了人类的迁徙和发展历程。

《动物武器》
著者：[美]道格拉斯·埃姆伦
译者：胡正飞

本书用动物世界的军备竞赛这样有趣的方式来讲解演化和博物学知识。作者简直就是学术界的贝尔，他在厄瓜多尔钓食人鱼，在坦桑尼亚铲粪堆研究屎壳郎，在伯利兹用蚂蚁缝合伤口……将个人经历贯穿全书，让读者有身临其境之感。

《消失的动物：灭绝动物的最后影像》
著者：［英］埃罗尔·富勒
译者：何兵

这里汇聚了特别的影像记忆，照片上的动物栩栩如生，但却是他们这一物种在地球上留下的最后的影像。这些照片是生命存在的证据，也是生命消逝的挽歌。本书探究了每一种动物消失的原因，为今天敲响了警钟。

第三篇

情感维度：掌握自己的命运

极简主义教你如何拆解焦虑

家里的鸡肋物品，你舍得丢掉吗？

有一股风一直在吹，它的名字叫作“极简主义”。在百度搜索“极简主义”，能找到相关结果约 326 万个；搜索“极简主义生活方式”，相关结果约 96 万个；搜索“极简主义设计”，相关结果约 252 万个。

为什么当下世界风行极简主义？

简单地说，这里面包含着物质时代对消费主义的反制，有见素抱朴的传统东方美学，也有化繁为简的现代简约主义思潮。

中国人在几十年前仍在经历物质极大的匮乏，老一辈的人一直都有一个线头也要收集起来的习惯。获取资源原本是人类的重要本能，但是今天的社会物质极大丰富（极不发达的地方除外），不知不觉，过剩取代了丰富——物资过剩、营养过剩、信息过剩。商业社会也鼓励人们消费，时代创造物品的速度远远超过了我们的需要。

物质的极大丰富，增加了一个困难，叫作选择。电影《搏击俱乐部》里说："广告诱惑我们买车子、衣服，于是我们拼命工作买不需要的东西。我们的大战是心灵之战，我们的恐慌只是我们的生活。"随着全球经济的发展，我们陷入了一个矛盾的世界：外在物质极大丰富，内心却一片荒芜。外在的信息爆炸式增长，但是深入内心的交流却逐渐减少。人们一方面追求张扬个性，另一方面不可避免地面临各种压抑。于是现代思潮开始反思人的异化问题，极简主义理念正是提倡舍弃外在的物质而获得内在的自由。

极简主义理念的兴起是对消费主义的反制。商业社会有各种诱人的故事和心理学的技巧来刺激人们的购买欲望。"拥有更多"也的确在某一时刻带来享受的快乐，但是占有物质的快感实际上很短暂，正如批评家尼尔·波兹曼所说："人们由于享乐失去了自由。"拥有越多，生活越复杂，最终人们成为物质的奴隶。

现代人对物质过剩阻碍心灵的批判与哲学家老子的思想有相通之处："五色令人目盲；五音令人耳聋；五味令人口爽；驰骋畋猎，令人心发狂；难得之货，令人行妨。"被日益繁多的消费品淹没，对美的感知力日益减弱，这便是物对人的异化。而极简主义的兴起，正是在一个物质、信息、人事等各方面趋向繁复甚至过剩的时代，是一种自觉的放弃。

无法舍弃过剩物质的原因其实只有两个："对过去的执着"和"对未来的不安"。只有活在当下，返璞归真，才能摆脱匮乏的恐慌。

为什么我们需要极简主义的工作和生活方式？

爱因斯坦曾说："任何一个有知识的蠢货都能把事情搞得更大、更复杂；而往相反的方向发展则需要智慧和勇气。"

我们必须承认，现代生活是快节奏和复杂的，但是，为什么有些人焦头烂额，有些人乐在其中？因为有些人善于简化项目流程。

时间管理专家弗格斯·奥康奈尔在《极简主义：风靡欧美的工作与生活趋势》一书中提出的第一个理念就是"避免复杂，追求简单"。先弄明白自己究竟要做什么，厘清事情的优先顺序，制定事件的连续性计划，对结果和预期有所界定，并学会从他人的角度看问题，进而修正计划或行为，以增加成功的机会。

时间和精力是现代社会的稀缺资源，许多终日忙碌的管理者却鲜有成效，究其原因正是分不清"重要的事"与"紧迫的事"。从极简主义的观念来看，管理之道就是简化之道，避繁逐简、以简驭繁。

现代性催生了欲望，挤压了宁静的内心。减少外物才能将自己从无穷无尽的物品中解放出来，从无穷无尽的欲望中解放出来。奉行极简主义的人都熟悉奥卡姆剃刀定律"如无必要，勿增实体"。极简主义者的生活方式在于精简生活用品、精简信息、精简流程。减去多余的物品只是手段，认清自我才是目的。

极简主义的重点不在于器物或者理论，而在于自己的内心。需要简化的不仅仅是眼睛能看见的物品，还包括看不见的思想和情感。重新审视自我和人、事、物之间的关系，精挑细选出对当下的自己需要、合适、舒服的物品。用有限的时间和精力专注地去追求对你最重要的人、事、物，从而获得最大的幸福、最大的精神自由。

推荐阅读书目

泰普勒人生法则系列丛书（《极简生活法则》《极简工作法则》等）
著者：[英]理查德·泰普勒
译者：陈婷 / 刘静怡　等

泰普勒将自己30多年的人生经验总结成一条条简单的法则：职业和财富是为了提升生活质量，而不是成为工作和金钱的奴隶；摆脱抱怨，恰当地处理职场中面临的问题，更好地规划职业生涯。我们时时刻刻都在作选择，极简主义的人生选择就是删繁就简。回归自我，才能享受简而美的生活。

《过剩时代的学习》
著者：方柏林

本书提出了一个信息过载时代的学习方法：常用的知识要放在大脑里面，而另外一些知识要放在世界上。比如通过搜索引擎很容易找到的信息，就没有必要花费过多精力学习，只要掌握搜索信息的方法就可以。作者从训练学习思维、管理学习情绪、善用评价性测试、寻求终身学习之道等方面来拆解知识焦虑。

当数学家掌握爱的终极公式时

星座预测爱情，数学计算爱情，你觉得哪一个有意思？

猜猜我有多爱你？

“我爱你，一直到月亮那里。”小兔子说完闭上了眼睛。

大兔子躺在小兔子旁边，微笑着轻声说：“我爱你，一直到月亮那里，再从月亮回到这里来。”

就是这么一个鸡汤小故事，《猜猜我有多爱你》绘本在中国卖了300万册，全球销量已超过3000万册！我们是多么渴望告诉孩子：我有多爱你啊！

好啦，今天来点干货！咱们不用猜猜我有多爱你，来算一算我有多爱你。

我以前被言情小说蒙蔽，总觉得感情是一种非理性的行为。然而，随着知识的增加，发现借助科学可以更好地理解情感。伽利略曾经说：“数学是上帝用来书写宇宙的文字。”既然数学可以预测星球的运行、股票的涨跌，为什么不能计算出感情呢？

数学家汉娜·弗里在一次TED演讲中介绍了《爱情数学》，其中有三个用数学可以验证的爱情秘诀。

第一个秘诀：在网上交友的时候，让别人觉得你丑，可以让你更有优势！因为如果所有人都觉得你美艳不可方物，谁还敢追你呀？所以，你可以把社交网络上的头像换成一个比较有个性的而不是很好看的照片，这样认为你有魅力的人会喜欢你，而其他人嘛，就只是路人甲。

第二个秘诀：如何选择结婚伴侣。数学家不建议你和第一个约会对象结婚，根据最优停止理论，数学统计认为你应该拒绝你约会阶段前37%的对象。很多人会在25岁以后结婚，说明大家的大脑中都有数学潜意识。问题是，到哪儿才算38%？万一，最佳对象就在前37%呢？数学家一摊手：对此不负责。

第三个秘诀：如何避免离婚。心理学家和数学家联手预测了几百对夫妻是否会离婚，准确率高达90%。一对夫妻会不会离婚的关键因素在于他们之间的交流是消极还是积极的。数学运算表示，一对完美的关系，有很低的消极阈值，不会忽视矛盾，不会让小事堆积成核战争爆发，会持续努力修复关系，并对未来有着积极的期待。

哈佛大学博士、加州大学伯克利分校数学系教授爱德华·弗伦克尔写了一本书叫《爱与数学》。此前，他两次用艺术的形式来展示数学思想。一个是剧本《二体问题》。对数学家来说，只要知道两个物体之间的吸引力，例如恒星与行星，就可以用一个简单的数学公式准确预测它们未来的运动轨迹。那么一对情人或者一对好朋友，能够用数学公式来预测未来吗？《二体问题》写了一个女作家和一个男数学家之间的互动。这两个人把对自己职业的热情当作吸引对方的工具，他们互相交流情感经历，如何找到又失去真爱，经历了哪些撕心裂肺的往事。他们在很多方面志趣相投，也有着重重矛盾。通过这两个人的故事，类比人类大脑中的两种文化，互相竞争又互相扶持。

弗伦克尔又拍了一部电影《爱与数学之祭》，讲的是一个数学家创建了一个爱的公式，但是这个公式是一柄双刃剑，既可以行善，也可以作恶。为了保护这个公式，数学家献出了生命。猜猜他把公式藏到了哪里？——文到了他深爱的女人身上。在电影的开头，女主角给数学家写了一首诗，结尾数学家的回报是文一个数学公式。《爱与数学之祭》剧作者，也是男主角的扮演者弗伦克尔说，加入文身镜头，是为了表现数学研究的激情——他全神贯注，把整个世界都抛在脑后。

这个公式到底是什么样的呢？公式很复杂（毕竟，这是爱的公式嘛），是弗伦克尔自己创立的公式，来自他的一个长达 100 页的论文《超越拓扑理论的瞬子第一篇》。

电影《爱与数学之祭》播放之后，总有数学小白问："真的有爱的公式吗？"

弗伦克尔回答："我们发现的所有公式都是爱的公式。"

所谓爱的公式，其实是隐喻我们想要追求终极真理、想要洞察世界的一切。

很多人认为数学和科学是很枯燥的学科，但是实际上，理工学科和一切艺术一样，有一个激情四射的探索过程，也是个性十足的体验。“这是和未知世界的斗争，与自我的斗争，能激发强烈的情感。”弗伦克尔用他的书和电影，用历史上伟大的数学公式诞生的故事，用他痴迷数学的求学过程，展现了一个科学探索者感受到的激情，如同在爱河中“一次又一次地触电”。

一些人因为抗拒数学，不懂数学，缺少数理逻辑的训练，无论对人生还是世事都缺少更多的理解，丧失了很大的乐趣。学习是终身的事情，无论是科学还是情感，男欢女爱还是舐犊情深，手足之情还是同袍之谊，我们一直都需要学习。

当学到更多知识以后，科学可以为我们的非理性行为提供某些依据，我们对周围世界的爱也会更加深刻，也更为强烈。

因为，在爱面前，无论是公式还是方程，我们只不过是新手。

推荐阅读书目

《爱与数学》
著者：［美］爱德华·弗伦克尔
译者：胡小锐

作者展示了数学如艺术般的美和优雅，它可以像爱一样将世间万物联系在一起。本书还告诉我们如何在生活中运用数学法则，习得数学思维方式，丰富我们的生活，更好地了解这个世界。

《数学百年风云：〈纽约时报〉数学报道精选（1892—2010）》
著者：[美]吉娜·科拉塔
译者：崔继峰 / 林开亮 / 张海涛 等

本书是《纽约时报》百年来关于数学报道的精粹，从日常生活切入，向大众科普数学，描绘了数学领域的传奇故事，让我们一窥近现代科学的发展。因为跨越百年，所以浓缩了不同时间段对同一事件的报道，比如说费马大定律从提出到解决，浓缩了人类的智慧，科学的魅力震撼人心。

《万物皆数：从史前时期到人工智能，跨越千年的数学之旅》
著者：[法]米卡埃尔·洛奈
译者：孙佳雯

本书大气磅礴地讲述了一部人类智识发展的历史，穿越回史前时代、四大文明古国、欧洲中世纪与文艺复兴时期，带领我们追随着艺术家、创造者、工匠的脚步，从日常生活和历史、艺术中发现数学之美，是一首荡气回肠、揭示宇宙奥秘的交响乐。

爱情不过是个主观塑造的故事

为什么看起来不般配的人也能白头偕老？

爱情是什么？无数人为之苦思冥想、心驰神往。

心理学家罗伯特·斯滕伯格在20世纪80年代提出的“爱情三角理论”，是最为简略，也最常为心理学研究者引用的理论。这种理论认为爱情有三种成分：亲密、激情与承诺。三种配方可以搭配出不同类型的爱情。比如说亲密加激情是浪漫的爱，激情加承诺是盲目的爱……当然三种成分结合是最理想的爱情。

虽然“爱情三角理论”广为人知，但是并不足以解释“为什么爱上某个人”。斯滕伯格继续研究，在十年后写出了一本《爱情是一个故事》的书。他概括了25种爱情故事——也就是25种亲密关系类型，简单地说就是为什么你会爱上某个特定的人。因为你们有相同或者相似的爱情故事模型，两个人在故事里的角色是互补的。比如说，一个好为人师，而另外一个乐意学习，那么他们就会组成一对完美的“师生故事”。在这种相处模式里，一个人总在指手画脚，另一个人却甘之如饴。

有的夫妻似乎天生是怨偶，吵闹不休。谁也不看好这对夫妻，认为早晚要分手，但他们却能白头偕老。一般人会认为他们不离婚纯粹是没有办法。“爱情故事”理论却认为有可能这两个人都把爱情视为战争，这恰好是他们所渴望的关系。

所以婚姻能否维持，取决于两个人理想的爱情故事和实际的爱情故事是否一致。如果你向往的是浪漫的爱情故事，但是却陷入一段战争故事里，就会很失望；相反，有些人喜欢战争故事，却得到了一段浪漫的爱情故事，可能会觉得非常无趣。无论两个人的关系看起来多么奇葩，只要他们拥有共同向往的爱情故事类型，就能天长地久；相反，你爱上的人和你的故事类型差别较大，很可能就没有好果子吃。

《爱情是一个故事》可以说是一套人类爱情故事母题的研究，各种惊天地、泣鬼神的爱情都被归入这 20 多种故事的“俗套”。了解这个有什么用呢？它能帮助我们认识自己在亲密关系中的模式和定位，认识到自己与他人的巨大差异。书中有一段话说得非常好：“当我们了解他人的时候，我们开始把自己的想法和感受（我们的观念与过去的情感包袱）投射到他人身上……事实上，我们是通过自己的认识来了解他人。”

爱情本质上是想象的产物。两性关系是主观构建的故事，而非客观事实。为什么这么说呢？你可以玩一个游戏，分别访问一对恋人，两个人对同一段感情经历的描述是不完全一致的。你也可以回顾自己的感情经历，和以前的描述相对比，你会发现在不同时间自己对同一段感情的描述也不一样。就好像电影《大话西游》里说的："以前陪我看月亮的时候叫人家小甜甜，现在新人胜旧人，叫人家牛夫人。"莎士比亚也说："疯子、情人、诗人都是想象的产儿。"

你心里向往的爱情故事，并不完全是由自己创作的，而是综合了你所看到的、听到的爱情故事。我们常常是先看过明信片，然后看到真正的大海；也是先通过小说、歌曲、肥皂剧，感受到各种各样的爱情故事，而后拥有自己的爱情故事。在你踏入一段亲密关系之前，实际上已经有了一个想象中的故事类型。每个人带着自己的故事走向对方，如果这段关系想要延续下去，除了两个人故事类型契合之外，还需要形成共同的故事，因为相爱只是故事的开头。

我们的爱情故事会推动我们一起向前走，也会以意想不到的方式改变我们。

中国人常说有"夫妻相"，西方人也讲"随着时间的推移，伴侣变得相似"。人们会用自己的方式塑造对方的行为，也就是说，如果对方不符合你的期望，你就会有意或无意地鼓励对方做出你期望的行为，有可能皆大欢喜，也可能一拍两散。因为对方在你们的关系里扮演了从未想过的角色，如果不认同这个角色，就会感到这段关系对自己施加了不能接受的压力。

斯滕伯格认为分手的真正原因是我们不再喜欢自己故事的呈现方式。你最初喜欢的故事逐渐变成了你所讨厌的故事。比如说有一种类型叫作“康复故事”，受到创伤的人会渴望从一段关系里谋求康复，从另外一个人身上找到自己没有的东西（实际上你不可能从别人身上得到自己没有的东西）。在这个故事里，一方依赖于另一方的关怀备至。如果被关怀者康复了，不依赖了，这段关系就失去了存在的意义以及继续发展的动力。有时候被关怀者没有康复，关怀者的态度也并没有变化，于是被关怀者逐渐感到窒息，不再喜欢康复这个故事，曾经被感动的行为就变成了滋生怨恨的替罪羊。

再比如“牺牲故事”。很多的亲密关系都会涉及奉献，但是在牺牲类型的故事里，一方会不断地为另一方做出牺牲，就是所谓的“利他之爱”。在旁观者看来，这种关系很不公平，只有一方是过度的付出。但是对于给予者来讲，付出就是他们的故事，他们很享受这种“只求付出、不求同等回报”的角色，或者说得到的不是肉眼可见的回报。不过，如果给予者不再想扮演这个牺牲者的角色，就会导致摩擦。

了解了你想象中的爱情故事，就能帮助你认识到：你为什么会爱上这个人？为什么你们的关系不能够继续发展下去？只要你能认识到两个人的亲密关系本质上是非理性的，是情感和个人主观重新塑造的结果，那么就不必纠结“谁对谁错”。

人们最终和拥有类似故事的人在一起，但任何故事都不能保证幸福。关系能否持久取决于双方故事中实现角色的程度，就像莎士比亚说的：“世界是一个舞台，所有的男男女女不过是一些演员 。”但是剧本是你可以改写的，可以调整角色，重新构造故事的结局。

推荐阅读书目

《爱情是一个故事：斯滕伯格爱情新论》
著者：[美]罗伯特·斯滕伯格
译者：石孟磊

爱情心理学大师斯滕伯格认为，爱情是一个故事，这里所说的“故事”是指每个人理想中的亲密关系类型。人们基于自己的故事去建构亲密关系。本书让读者分析自己的故事类型，从而更加了解自己，拥有更加幸福的亲密关系。

《亲密关系（第6版）》
著者：[美]罗兰·米勒
译者：王伟平

这是从心理学角度对两性关系进行科学而系统总结的专著，综合了心理学多个分支的研究理论和成果，总结出人们在交往与沟通、爱情与承诺、婚姻与性、嫉妒与背叛等方面的行为特点和规律。

《如何正确吵架：发掘问题、解读渴望、创造幸福的伴侣沟通术》
著者：[美]朱迪斯·莱特／鲍勃·莱特
译者：钟辰丽

两位作者通过30年的婚姻研究和伴侣培训发现，回避争吵、维持表面和谐，只会让婚姻失去成长的机会，而坦诚勇敢的争吵才有助于解决亲密关系中的问题。争吵并不会摧毁亲密关系，实际上是反映了一方或者双方没有被满足的愿望，或是隐藏的未解决的问题。清楚地认识为何而吵、有效沟通，反而会获得更加稳固的亲密和信任关系。

大城市的婚恋市场，挑剔的女人很不幸

在对家庭的付出上，你会和伴侣讨价还价吗？

自从博弈论大师冯·诺依曼承认博弈论可以帮助我们理解爱情与婚姻，经济学家就一直在研究人们如何选择另一半。

蒂姆·哈福德是受全球读者喜欢的“卧底经济学家”，被称为是“当前最幽默的生活经济学大师”，他在《金融时报》开了一个专栏，为读者五花八门的疑问和牢骚提供有趣的经济学解读。通常看来最没有理性的爱情问题上，他也能够给你说出点门道来。例如为什么在曼哈顿的待嫁女比光棍男多呢？为什么大城市的女人不停地抱怨缺少适合结婚的男人，却不会选择搬到小城市或者边远地区寻找男人？

哈福德认为爱绝不是不理性的，相爱的人是浪漫的爱人，结成婚姻的夫妻就是一个经济结合体。在爱情或婚姻中，经常存在着理性的讨价还价的声音，比如说谁买东西，谁上班、谁在家照顾孩子，

离婚的时候谁来提出离婚申请？有人知道有讨价还价的存在，但是不愿意明说。作为经济学家，哈福德要给大众展现的是一个大多数人都能作出理性选择的世界。

婚姻是浪漫的还是现实的？有多少人曾经渴望寻一人白首、觅一城终老？有多少人曾经是一个“颜控”，只想要好看养眼的人？而现实结果又是如何呢？

每个人多少都曾有过浪漫的想法，希望追求唯一的真爱：一个社会地位相符、志同道合、经济匹配的绝佳伴侣。经济学家却发现在恋爱中不存在追求唯一。例如男人不太喜欢太胖的女人，如果速配约会时普遍都是胖女人，男人也并没有减少邀请约会；女人更喜欢高个子、高学历的男人，如果参加速配的男性个子都不高，博士们不在场，那么矮个子、有退学历史的人就要交好运了。换言之，婚恋市场上，人们在挑选余地大的时候更加挑剔，没什么可挑剔的时候就会选择将就。也许爱情是盲目的，想结婚的人可不盲目。

也许下面这个类比你不太喜欢，但是婚姻的确有点像劳动力市场，谁配得上谁的标准取决于竞争产生的结果。稀缺性就是权力。有多大的权力？比一般人想象的还要大。如果合适的男人短缺，其他男人讨价还价的权力就会戏剧性地增加。在婚恋市场上，挑剔的女人是不幸的，会被其他的开放的女人抢占先机。

为什么在大城市称心如意的男人如此短缺呢？这里有一个理性的解释。

男人和女人在性和婚姻方面有不同的看法，因为女人生孩子要花十个月的时间，男人做爸爸只需要几分钟。进化的生物偏好导致在性行为方面，男性更开放，女性更谨慎。在原始社会，最受欢迎的当然是能提供更多抚养后代的资源的男人，到了现代社会有一个非常简单的标准：财富。因此有钱人多的城市就会聚集更多的女人。而大城市生活成本高，在某些情况下，比较优秀但没有经济储备的男人会比女人更先放弃大城市，搬到二三线城市，导致大城市中优秀男人的数量会减少。

经济学家通过统计网恋成功率发现，如果一个男人声称自己的收入高，就会吸引到更多的回复，而女人不如说自己收入一般，才能够得到更多的回复。

聪明的女性也会采用理性的策略：上学深造、办企业、做整容、去健身，用各种各样的方法让自己更具吸引力。对女性而言，上大学能让自己在工作、婚恋市场上有更好的前途。在美国受过高等教育的女人，每推迟一年生头胎，一生能赚的钱就会增加 10%。越来越多的聪明女人会选择晚婚，当然也会吸引更多的聪明男人。

蒂姆·哈福德指出，理性并不等于自私，利益最大化也并不是说完全追求金钱的最大化，而且人的理性计算常常是无意识的，就像是动物的本能。即使是理性的人，也并不一定具有完美的自控力。任何经济结合体都可能会解散。如果女人选择当全职太太，一旦对方变心，情况就糟了。因此对女性来说，理性的选择是追求事业，就当是买一个离婚保险。有统计数据表明，处于离婚边缘的女人最有可能努力工作。

在大城市里，越来越多的人推迟结婚，实际上是一种理性的选择，因为男女都在为经济基础奋斗。更多的人不像以前那样早早结婚，为了经济原因维持婚姻，而是一边工作一边稳定地维持恋爱关系，慢慢地再谈婚论嫁，显得更加从容。

有些人认为，那种稳定传统的婚姻更好，男人外出谋生养家，女人在家照顾孩子。这样的观念未必适合每一个家庭。在今天这个多元的社会，每个人都可以选择自己的生活方式。希望每个人——无论是男人还是女人，都不要放弃学习，尽可能掌握更多技能，无论是选择结婚还是不结婚，选择在家工作还是外出谋生，都是你的自由选择，而不是被逼无奈的委曲求全。

推荐阅读书目

《卧底经济学》（全 4 册）
著者：［英］蒂姆·哈福德
译者：赵恒　等

英国《金融时报》人气专栏作者、幽默经济学大师蒂姆·哈福德运用各种经济学理论，对读者提出的五花八门的疑问提供一针见血又非常实用的建议。

《柠檬、拍卖和互联网算法：经济学如何塑造了我们的生活?》
著者：[美]雷·菲斯曼／蒂姆·沙利文
译者：莫方

本书内容包括信息经济学（柠檬市场和信号机制），市场设计（拍卖与匹配），平台经济学（双边市场和外部性）等。为什么大公司都喜欢做慈善？免费使用的网站到底是谁在付款？本书让读者了解半个世纪以来塑造社会生活的经济学理论和重要的经济学家的故事。

如何破解越在乎越容易搞砸的怪圈

你心里老琢磨的事情最后结果如何，是好事还是坏事？

你在生活中有没有那种感觉，参加重大考试时，越紧张越考不好？感情上，见到自己特别喜欢的人，反而张口结舌，表现大失水准？

心里越在乎，表现越失常，这在心理学上有一个名词叫作“瓦伦达效应”，源自一个真实的事件。瓦伦达出生于美国钢索表演艺术世家，他本人也以精彩稳健的高超特技表演而闻名。1978 年，73 岁的瓦伦达在波多黎各表演无保护走钢丝时，从高空掉下身亡。事后，他的妻子说：“我知道这次一定要出事。因为他在出场前就不断地说‘这次太重要了，不能失败’。”以前每次成功的表演，他只想着走好钢丝这件事本身，不去管这件事可能带来的一切。瓦伦达太想成功，过于看重这次表演，而非专注于事情本身，患得患失，结果坠落身亡。

心理学家把这种为了达到目的总是患得患失的心态命名为“瓦伦达心态”。

生活中也时常有类似的事发生，出门前想着千万别忘了，一转身就忘了；告诉自己今天上台一定要好好表现，结果表现得比任何一次都差……为什么越在乎的事情反而越容易搞砸？

其中一个原因是不断种下失败的心理暗示。斯坦福大学曾经进行过一项研究：人大脑的某一图像会像实际情况那样刺激人的神经系统。当你不断地去想自己可能会出现的窘况时，在你的心里就已经给自己下了某种暗示和预想，这往往导致失败。

我在做积极正向演讲的时候，常常玩一个小游戏，让听讲座的人闭上眼睛，然后不断对他们说：“此时你们不要想大象，千万不要想一头坐在雪山上的大象！”接着，让大家睁开眼睛，问刚才想的是什么，大家异口同声地说：“大象！雪山上的大象！”这个例子就是用语言描绘形象，信息进入大脑形成画面后，人很难根据要或者不要等命令去修改画面。

当你很在乎一件事情时，头脑中会一再出现失败的画面，就是给了自己一个失败的心理暗示，结果就真的失败了。

我们也可以反向运用“瓦伦达效应”，用形象化来实现你想做的事情。学习认知专家比尔·卢卡斯博士指出脑海中的形象化可以通过多种方法实现。比如，在面试前，你可以闭上眼睛，让那些顺利的面试场景在你的脑中“走”一遍，等到正式面试时，对你来说就是重复头脑中的演练。再比如，回想自己把钥匙落在哪里了，头脑中再现当天做事的步骤，“叮”的一下，钥匙可能就冒出来了。

你也可以用形象化的方法打破或缓解意志消沉的情绪状态。在你自己的世界里，你可以是任何人，能完成所有任务。你可以设想自己跟世界上最美的人恋爱，或是奔跑速度最快的人。即便想象的画面不是真的，但是形象化给你带来的欢愉感却是真实的，正如电影某段情节会让你真的发出笑声或流下眼泪一样。

你越是去设想某件事情，大脑越是觉得这些想象出来的事情真的发生过。实际上，运动员也会把这种方法运用到训练上。例如，舞蹈演员或滑雪运动员会在脑海里排练各种动作。受伤的运动员在身体无法进行训练时，也会通过想象进行训练和比赛，而且这样做真的能帮助他们完善最终的表现。

同样的道理，为什么爱得越紧张越容易失败？作家孙未写过两个很相爱的人，把爱看得过于重要，太紧张这份爱，期待被接受，又害怕被拒绝，不断想要确定对方是否爱自己，又怕对方不喜欢自己，和对方约会时口干舌燥、脸红心跳、手足无措……结果，恋爱失败。

紧张导致表现失常，而过于紧张也让对方感受不好。每个人都有追求自由的本性，把对方控制得越紧密，对方越会有窒息的感觉，反而想逃离。心理学家哈里·欧巴斯都利说过：很多看似亲密无间的夫妻其实关系已经变得非常脆弱，而最终导致他们疏离得越来越远的正是这种“亲密无间”。夫妻间的相处如果没有间隙，把对方捆得太紧，将他看成是私有财产的话，对方就一定会产生抵触心理。

为什么有人会特别想控制对方？这种人很可能是有不安全的依恋关系。心理学家发现安全依恋类型的人有浪漫的热情的爱，而较少有极端的完全奉献式的爱；而焦虑矛盾依恋类型的人对应的却是占有和依赖式的爱，非常依赖和渴望投入情感中，常常是一种神经质的投入。焦虑型的个体对伴侣感受到的并不是爱和信任，而是一种“情感饥渴”，极度渴望亲密和陪伴，要求与爱人随时保持联系，每天报备行踪，会为了维持联系而放弃自身需要，讨好伴侣，害怕被抛弃，独自一人时会觉得不自在，受到一点冷落，都会觉得天塌了。

如何才能生活松弛，爱得自在？核心是做一个人格和精神独立的人。因为真爱只能发生在独立的人之间，两个很狂热的爱人有可能都是有缺口的，希望由对方来填满，而独立的人的爱是互相依靠而不是互相依赖。独立的人才会懂得珍惜，才会尽力地付出、尽力地营造爱的绚烂。

如何才能给自己植入积极的图像，战胜“瓦伦达效应”？

有两点建议：第一，接受中国的古老智慧，莫问收获，但问耕耘；第二，爱在这一刻，不沉溺过去，不妄想将来。

推荐阅读书目

《情感勒索》

著者：[美]苏珊·福沃德 / 唐娜·弗雷泽

译者：杜玉蓉

很多人没有意识到自己在被爱的名义剥削，比如你是否听过：如果你爱我，你就应该为我做……不够坚定的人，很容易掉进情感陷阱，而勒索你的人，有可能就是你的父母、爱人、同事等。这本书呈现了被情感勒索的人的困境和迷惑，核心观点是要先照顾自己的感受，不要出于内疚而被别人情感绑架，去做自己非常不情愿的事。

《难道一切都是我的错吗？重构你的家庭亲密关系》

著者：李松蔚

心理学家李松蔚指出家庭是一个复杂的系统，如果存在一个“问题”的话，这个问题是所有人用各自的方式共同维持的，所以要学习放弃“控制”，放弃“是非”争执，找到积极的、不指责的、寻求改变的态度去面对家庭关系，彼此共生，一起成长。

《如果爱，何必去想以前和将来》

著者：孙未

这是一本关于两性情感的书，讲述的是身边关于爱的故事，试图重建人们对爱的信仰，引导人们放下执着，爱得通达随心。

棉花糖实验：抵抗诱惑的小游戏

你很想吃烤串，如果先把事情做完就能把烤串升级成豪华烤肉，你能坚持吗？

斯坦福大学教授沃尔特·米歇尔做过一个心理学实验，叫作“学龄前儿童为了获得更加丰厚的奖励物的自我延迟满足实证研究”，这个题目看着非常吓人，它其实有一个更通俗且有名的名字——棉花糖实验。

实验非常简单，给小朋友两个选择：面前分别有一颗和两颗棉花糖，如果选择马上吃，可以得到一颗棉花糖；如果能坚持20分钟，就可以得到两颗棉花糖。科学家一直在追踪这些参加实验的孩子的成长，每隔10年进行一次评估，结果发现：一个四五岁的孩子能等待的时间越长，后来参加美国高考的成绩就越好。那些坚持时间最短的小孩，比那些坚持时间最长的小孩，总体成绩差了210分。等待时间更长的孩子，不光考试成绩好，后来也更能控制自己的体重、有效地应对沮丧和压力，他们的职业发展、婚姻、身体、精神状况也更好。

这个实验为中国的一句俗话“三岁看大，七岁看老”提供了心理学依据：培养自控力延迟满足，成就你的人格优势。看起来，小时候为了两颗棉花糖可以等并不是什么大事，但长大了可以为了更大的棉花糖而等待，成功的概率也更大。

科学家扫描了这些人的大脑，发现那些能等待的人，前额叶皮层区域更加活跃——一个用来解决问题、创造性思考、克制冲动行为的地方，而那些不能等待的人的中脑皮层更加活跃——这个地方处于大脑深处最原始的部分，和人的欲望、快感以及成瘾有关。

除了大脑发育的差别之外，还有什么原因影响一个人的自控力？为什么有些人无法控制自己的冲动？科学家解释了另一个原因：相信有第二颗糖，等待才有意义。如果在一个说话不算数的家里，孩子不相信父母的承诺，那么也不会愿意为了未来的可能性而忍耐。

如果小时候不能等，一辈子都不行吗？并非如此。自控力的确和基因有关系，有的人天生自控力强，有的人自控力弱，但是自控力就像肌肉一样可以通过锻炼来加强。抵制诱惑其实是有策略的。

我们来学习一下如何抵抗诱惑。

第一个策略是回避。

给棉花糖两种摆放方式，一种方式是让小朋友能看见棉花糖，另一种方式是把棉花糖盖起来，你觉得在哪种情况下更能等待？实验证明，如果你把一个东西盖起来，等待的时间能延长十倍。也就是说，让自己远离诱惑，就能坚持更久。

第二个策略是分心。

实验中那些能等待的小朋友会想出一些办法，有人会蒙着眼睛不看，还有人想象自己在玩有趣的游戏，比如动动脚指头就像在弹钢琴。如果实验人员事先鼓励小朋友去想想有趣的事情，比如说荡秋千，等待的时间就会多出10分钟。如果实验人员说想想这棉花糖多好吃啊，小朋友会迫不及待地干掉棉花糖。

第三个策略是冷静。

当实验人员改变奖励品，不给棉花糖，只是显示图片，结果大反转！只是看图片的话，等待就变得容易多了。

能不能等待还有其他因素，比如说实验之前先表扬小朋友，让他们想一些愉快的事，而让另外一些小朋友想悲伤的事，哪种孩子等待时间更长？当然是心情愉快的孩子更能等待。

还有奖励品不同，等待时间也不一样。例如巧克力和铅笔，你愿意为哪一个东西而等待？——实验显示可以为铅笔等得更久。但是科学家要是告诉你，这个巧克力被蟑螂爬过……很可能等多久你都不想吃了！这就证明一个人可以通过改变自己的想法而控制冲动，这种力量来自前额叶皮层，只要激活这个区域就能够冷却诱人的刺激。

当科学家公布了棉花糖实验后，很多大人也会用这个实验测试自己的小孩，如果小孩表现不佳，他们就会很沮丧，觉得孩子要完蛋了，缺乏自控力，长大了不是堕落就是一事无成。其实自控力跟年龄有关系，三岁的小孩根本无法理解延迟满足这个问题；四岁的小孩理解了，但他们会选最差的策略，把棉花糖放在自己的面前，想象是有多好吃；到了五六岁，大部分孩子都会选择隐藏奖励物品，会用想象的游戏来让自己分心；而要到十二岁，他们才能掌握怎样冷却冲动，比如有的孩子把棉花糖想象成蓬松的云，让等待变得容易。

所以小时候选择吃不吃那个糖并不代表什么，开始有些孩子可能一分钟也不能等，但是随着年龄的增长或者学习了等待策略之后就能做得更好。有些孩子开始很有天分，但是后来减弱了自控力。

用什么方法提高孩子的自控力？首先，以身作则的父母培养出来的孩子自控力好。其次，让孩子学习策略，充分相信孩子的控制力。过度控制孩子的父母会破坏孩子自控力的发育，比如大人让孩子自己保管糖果、自己控制吃糖的数量，对孩子说如果能够坚持到周末才吃完，下次还会给买。如果大人说话算数，孩子也能很好地控制自己；如果大人说话不算数，孩子觉得未来没有希望，就不会愿意再等待，不如赶紧存到肚子里。

如果你已经错失了这样的成长锻炼，该如何抵抗成人世界的诱惑呢？第一，可以增加体育锻炼，能锻炼专注力；第二，不开心的时候，要想想爱你的、你也爱的人，别想那个让你难受的人；第三，要做你真正热爱的事情，这样就会不知疲倦，能够抵抗各种诱惑。

你是那个能经得起诱惑的人吗？

推荐阅读书目

《棉花糖实验：自控力养成圣经》
著者：[美]沃尔特·米歇尔
译者：任俊／闫欢

自控力与意志力的热论都源于50多年前开始的棉花糖实验，获得广泛关注的同时却遭到了极大的误读。实验设计者、“自控力之父”沃尔特·米歇尔对实验的来龙去脉溯本清源，破除了大众对棉花糖实验的普遍误解。这项实验并非只针对小孩子，所有人在面对人生中的“棉花糖时刻”时都能派上用场。

《人类的明天》
著者：[法]席里尔·迪翁
译者：蒋枋栖

人类的明天，并不是人工智能、大数据、高消费、增长率，而是新的食物系统、新的能源供给、新的出行方式，更公平有效的经济模式。6位年轻人，花了5年的时间遍访世界，探寻更合理的生产和生活方式。

“来自尘土，终归于尘土。”这不是比喻，而是科学。就像过去恐龙尸骸的尘埃正飘浮在今日的空气中，我们也会有同样的结局。整个太阳系都会化为烟雾。新的、旧的尘埃都重新还给银河。而那时候，整个宇宙依然处于婴儿期。

大自然永不停歇地变换着造物的手段。鸟之所以为鸟，不在于羽毛之鲜亮、鸣唱之动听，而在于其羽翼。

很多人都认识到城市化发展对儿童身心成长不利，但是他们理解的回归自然往往是去远方。其实自然惊奇并不是都在远方，而是在你的身边，就在你的家门口。保持一颗惊奇之心，就能发现自然的美妙。例如，在菜园里，沿着树叶上留下的洞和黏滑的足迹，你可以找到鼻涕虫和蜗牛。

有一个名词叫“恐怖谷理论”——当机器人跟人的相貌非常接近时，会让人感觉极度不舒服，仿生过于完美反而带来惊悚之感。艺术家大卫·莫拉迪拉在创作数码作品《特写肖像》时，特意给人物面孔加上一些瑕疵，以增进容貌的真实美。

唯有孤独恒常如新

你最害怕的孤独，为什么能激发想象力和创造力？

孤独，在大众眼里好像是一个很可怜的词，例如孤儿寡母、孤苦伶仃、孤身一人等。但是，你有想过接受孤独吗？

很多哲学家和心理学家都把孤独看作人生最重要的主题之一，例如心理学家欧文·亚隆说："人生的困扰大抵来自四个方面：不可避免的死亡，内心深处的孤独感，我们追求的自由以及生活并无显而易见的意义可言。"而要实现自我，孤独是不可避免的。如果没有孤独，就不可能完成内在的整合和精神的升华。

亲密关系是人生有价值的重要部分，但并非幸福的唯一源泉。《孤独：回归自我》的作者，英国心理学家、精神病学家、作家安东尼·斯托尔曾说过，人类一生被两种相反的驱动力操纵着，一种是对陪伴、爱以及其他所有能让我们亲近同类的关系的渴望，另一种则是对独立的孤单和自主的向往。人类就是这么奇妙，既可以和有情之人亲密相处，也可以对无情之物投入心力。

孤独对发展想象力和创造力具有重要意义。《罗马帝国衰亡史》的作者吉本说："交流能让理解更为全面深入，而孤独却是培养天才的摇篮。"大部分的作家、音乐家、画家注定一辈子大多数时间都是孤独的。有创造才能的人总是在不断寻找，发现自我、重塑自我，并在自己创造的作品中寻找宇宙的意义。

也许你会说：这个论调吓死我了，我不想要成为天才，就做个普通人好了，我就喜欢吃喝玩乐，住最大的房子，和最美的人谈恋爱。但是，有成就的人对孤独的需求和对内在整合过程的专注，可以揭示一些东西，对普通人也是有启示的。

许多成年后具有创作才华的人都留下了一些回忆，即自己童年时与自然神秘交融的体验或者是一些奇异的意识状态——诗人华兹华斯所谓"不朽的暗示"。请你回想一下自己的童年，第一次尝到自然之美是什么时候？

我小时候家住在山顶。9 岁的某一天，玩耍的小朋友们都回家了，我一个人坐在树上，看着日落，整个小城都笼罩在落日的余晖中，身边没有人，也听不到任何声音。在那一瞬间，我体验到了一种迷失，迷失在和谐完美之中。

当你在日常生活中或者外出旅行时，或多或少会有这样的时候：在寂静无人的时刻、人烟稀少的地方，在旷野或者高原，你会体验到与天地融为一体、浑然忘我的感觉。伊丽莎白 · 毕肖普是美国 20 世纪最有影响力的女诗人之一。童年时，父亲去世，母亲进了精神病院，辗转被外祖父及叔伯抚养长大。奇特而悲伤的成长经历，让她的一生都在流浪和漫游中度过。直至晚年才应哈佛大学之邀，回美国任教。在她的诗集《唯有孤独恒常如新》里有一首诗歌写深更半夜搭上计程车，在孤独中忽然领悟到灵感：

深更半夜搭上计程车
一路飞驰，像要拯救你的灵魂
那儿，道路绕着公园盘旋又盘旋
计程表闪耀如德高望重的猫头鹰

树木看起来那么诡异，那么绿
孤零零地站在巨大的黑色岩洞中
突然之间，你抵达别处
那儿，万物都像发生在波浪中

很多人在幼年被迫孤独，反而发展出了想象力。我们熟悉的导演周星驰，小时候非常孤单，只能一个人看着窗外给路人编故事，或者看着自己的手指头傻笑。周星驰的电影几乎都来源于一个小男孩的梦想，例如，票房大卖的电影《美人鱼》里，两个成年人谈恋爱的方式就是去儿童游乐园，坐坐旋转木马就找到了真爱。这真是一个小男孩的想法。

英国作家毕翠克丝·波特从来没有上过学，和父母的关系也很淡薄，她住在一个巨大的庄园里，很少有机会和其他小孩子一起玩耍，大部分时间孤独地和宠物在一起，就把想象力和强烈的情感投射在动物身上，创作出了畅销的儿童作品《彼得兔》。

当然，儿童在没有准备的情况下，长时间独处不可避免地会对他的精神造成伤害。周星驰因为童年孤独导致的心灵创伤在他的想象力和艺术创作中得到安慰，但是他在人际交往和建立亲密关系方面有很大缺陷。

人际关系让我们丰富，社会成就让我们满足，但是一个人能感受到的某些最深刻、最治愈的心理体验都发生在内心深处。孤独是痛苦的，也是喜悦的。华兹华斯的《序曲》写道：世界仓促，让我们与更好的自己，日益疏离，在时光中间渐渐萎靡，厌了世事，倦了欢愉，唯有孤独，多么温和，多么仁慈。

但愿我们每个人都能在亲密的人际关系之外，收获内心深处“海洋般的感觉”。

推荐阅读书目

《孤独：回归自我》
著者：［英］安东尼·斯托尔
译者：凌春秀

周国平在本书的推荐序中说，我们并非只是为爱而生，亲密关系也不是我们获得价值和幸福的独特要素，如果没有过在孤独中与存在合一的感受，精神世界未免狭隘。这是一部含有哲思和诗性光辉的著作。

好奇心的乐趣很美妙

在科学家眼里，比获得诺贝尔奖更了不起的是什么？

费曼是我最喜欢的科学家，没有之一，他的成长故事对我们今天依然很有启发意义。

费曼是科学界的“大牛”。1942 年，24 岁的费曼加入美国原子弹研究项目小组，参与秘密研制原子弹项目“曼哈顿计划”。后来在康奈尔大学和加州理工大学任教。1965 年，因为在量子电动力学方面的研究而荣获了诺贝尔物理学奖。他的学生，后来同样也是物理学家的弗里曼·戴森说，在遇到费曼之前，他发表过很多数学论文，但是遇到费曼之后，才知道自己以前不过是卖弄一些小聪明，真正的科学家并不追求华而不实的论文，而是探索不懈的奋斗，通过重建物理学来理解大自然的工作机理。费曼对科学异乎寻常的热情和强烈的个人魅力，深深吸引了他，戴森认识费曼一周以后就在给母亲的信中这样描述费曼：“一半是天才，一半是滑稽演员。”

费曼倾力探索自然的规律，也喜欢跟朋友们娱乐消遣，喜欢打鼓，喜欢搞恶作剧。关于他的逸闻趣事，最为畅销的一本书是《别闹了，费曼先生》，而另一本书《发现的乐趣》可以与之互为补充，书中有童年的故事、原子弹研究的传奇以及对未来计算机的预言。你会了解到，费曼是一个自由而且有趣的人，诚实独立，勇于质疑，探索真理。

费曼为什么能成为费曼？离不开他特立独行的父亲。他还没有出生的时候，父亲就说将来要把儿子培养成为科学家，虽然父亲只是一个制服销售员，但是很喜欢阅读科学类的书。

费曼小时候常常跟着父亲去山上散步。别的父母会教孩子很多鸟的名字，费曼的父亲却说："就算你知道如何用全世界的语言称呼某只鸟，但其实你对它一无所知。"父亲教给他的是观察，告诉他"知道一个概念"和"真的懂得这个概念"是有很大的区别的。父亲指点他观察枯死的树桩里有小昆虫和菌类在生长，让他看到森林里物质不断转换。父亲也常常让费曼坐在他的大腿上，给他看报纸上的照片。有一次父亲说："这个人站着，其他人向他鞠躬。他们有什么区别呢？区别在于有没有肩章。"他告诉费曼，有些人是因为自己的头衔、自己的位置得到别人的尊重，并不是因为他做了什么了不起的事情。

父亲的人生观念深深影响了费曼。费曼被视为科学顽童，一生都对探索世界充满了激情，在他得到诺贝尔物理学奖之后，也不认为这有什么了不起——他觉得自己早已得到了奖赏，就是发现的乐趣，以及看到人们引用他的研究成果。费曼不追求荣誉地位，只追求发现的乐趣。他在上中学时被选进了学霸组织，后来加入美国国家科学院成为院士，最后都退出了这些组织。他认为这些地方不是讨论科学，而是挑选谁有资格能够加入进来。这没有真正的意义。

费曼多年在大学任教，是一个充满激情的老师，也很善于用各种不同的方法激发学生的兴趣。这位老师说最好的教育理念就是没有教育理念，可以用任何可能的方法去教，不拘一格，甚至好的教学场面会有点混乱。

针对不同孩子的教育方法是不一样的。比如，因为父亲和他自由的交流激发了他探索世界的兴趣，所以他也做了父亲，同样喜欢跟儿子讲讲世界上有趣的事情。他会编一些小孩历险的故事：一个小孩掉进洞穴，风不停地进进出出，进去的是冷风，出来的是热风，其实这讲的是狗的鼻子。费曼用这种方法给儿子讲生物学知识。可是女儿就不买账了，不喜欢听编的故事，而是想听书上的故事，还要一遍遍重复地听。

费曼希望教会下一代像科学家那样去思考，教会他们用好奇的眼光、开放的心胸、怀疑的态度去观察世界。他在美国全国科学教师协会大会上发表了一篇演讲，题目叫《科学是什么》。费曼开篇引用了一首小诗："一只蜈蚣非常快乐，直到有个蟾蜍开玩笑说，你哪只脚先走、哪只脚后走。蜈蚣很困惑，始终也想不透，最后他心神不宁，掉进了阴沟，也不知道先迈哪条腿逃走。"他幽默地说："我一辈子都在做科学工作，也知道科学是什么，但是想让我告诉你们科学是什么，就像让蜈蚣说哪只脚先走、哪只脚后走一样办不到。”在赢得欢声笑语之后，费曼严肃地给出了自己对科学的思考：科学是什么？是细心的观察。科学知识让我们看到世界上到处是美妙的东西。科学同时也是理性的思考。

质疑权威和提出问题是费曼灵魂里本能的一部分。他曾经说起自己很年轻的时候参与了原子弹研制。当时的大科学家玻尔特意把他叫去一起讨论问题，因为玻尔发现“只有这个年轻人不怕我”。费曼讨论问题的时候只想到科学，而没有想到自己面对的是科学界的权威人物。正因为费曼眼里只有科学、不畏权威，1986 年他被推选参加调查美国“挑战者号”航天飞机失事的原因。他果然简洁而直接地揭露了官僚阶层的无知。当时费曼做了著名的 O 型环演示实验，只用一杯冰水和一只橡皮环，就在国会向公众揭示了“挑战者号”失事的问题关键——低温下橡胶失去弹性，导致推进器燃料泄漏，酿成惨剧。

1988 年，费曼与世长辞。他去世后的第二天，学生们在加州理工学院的图书馆顶楼挂起一条横幅，上面写着：我们爱你，迪克。

推荐阅读书目

《发现的乐趣：费曼演讲、访谈集》
著者：[美]理查德·费曼
译者：朱宁雁

比尔·盖茨、乔布斯等硅谷奇才的偶像科学家费曼的访谈和演讲文章合集，这位物理学家讲述了自己的幼年启蒙、传奇人生和科学思想。在他的叙述中，我们得以领略到科学的魅力、人文的愉悦，发现万物之理的乐趣。

《科学简史：从亚里士多德到费曼》
著者：[德]恩斯特·彼得·费舍尔
译者：陈恒安

一部以科学家为中心的简明科学史，介绍了从古希腊的亚里士多德到当代的费曼等 26 位伟大的科学家，包括他们的科学贡献和思想。作者把本书比喻为通往科学殿堂的后门楼梯，能够看到科学堂皇大厅里不为人知的一面。

《费曼手札：不休止的鼓声》
著者：[美]理查德·费曼
译者：叶伟文

书中收录多封书信和照片，包括费曼写给他的初恋、第一任妻子阿琳的信和情书，以及写给同事、朋友的书信，内容真挚动人，幽默体贴。科学顽童的心底，是一个真挚高贵的灵魂。

人生失意时，请来一次精神冒险的徒步

为什么这么多人在遇到生活危机、精神困顿后会选择徒步？

从前时光慢，古代的人通信基本靠吼、出门基本靠走，人生很大一部分的时间都是在路上。而今天我们可以借助交通工具快速到达目的地，这当然应该算是时代的进步，同时也有可能让我们失去了跟大地的联系。为了更接地气，一些学者、作家会有意识地选择徒步的方式，有意识地放慢生活节奏。

2016 年 6 月 24 日，53 岁的北京大学历史学系教授罗新，自北京的健德门启程，沿着元代的辇路，历时 15 天，从北京徒步到达内蒙古锡林郭勒盟上蓝旗。100 年前，出了健德门就能看见居庸关所在的军都山。那时的风景非常接近元代人的视野，“出门见居庸，万仞参天青”，而今高楼遮断远山。罗新教授徒步穿越北京、河北的重叠山谷，进入内蒙古草原。他写下了沿路的见闻和所思所想，感受历史与现实的交织，激发了内在的反思。他真切地用自己的脚一步一步地丈量这块土地，而不只是从书本和历史资料中研究——“历历纪瑰伟，一见胜百闻”。

为什么从大都徒步到上都？源自15年前就萌发的念头，作为一位研究中国中古史、中国古代边疆民族史的学者，罗新反复提到一个问题：“我，作为一个以研究中国历史为职业的人，真的了解我所研究的中国吗？”他认为大多数书斋型学科的研究者都会和他一样，在生命的某一个阶段突然意识到自己与社会之间出现了一条宽阔的隔离带。这个隔离带未必会阻碍自己从事进一步的研究，但从生命本身的意义来说，当自己回首青春理想的时候，不仅会削弱成就感，甚至会带来自我怀疑甚至自我否定。可以说，学术工作者也有自己的中年危机。

这次行走不只是一次专业考察，也是一次精神历险。行走时对世界的理解会有变化：时间、空间、人际关系、过去与现在、现在与未来。罗新说过，行走是很个人的事情，即使很多人一起走，你也几乎总是在走你自己的路，你的内心也总在思考你自己的事情。但有趣的是，无论你在想什么，你想的总是与往昔岁月中那些人、那些事相关的问题。归根结底，你是在一而再、再而三地回访往事时，才意识到它们的意义所在。这个过程中世界发生了变化，或者说，世界具有了不同的色彩。

罗宾·戴维森，一个澳大利亚女子，于1977年接受了美国《国家地理》杂志的资金支持，带着四匹骆驼和一只狗，踏上了穿越澳大利亚2700公里沙漠的旅程。这是一次澳洲内陆的探索发现之旅，也是一个女人单纯且充满激情地寻找自我内在和平的精神冒险。她说：“我要剥除所有的社会支撑，不要被保护，学着依赖大地，学会尘土飞扬地玩耍和响亮地放屁。”

罗宾·戴维森2015年11月来中国并接受了我的采访，当时她穿着舒适的棉布衣服，披着一条波西米亚风的大围巾，看起来神采奕奕，完全不像一个将近70岁的人。当时我问她：“你害怕孤独吗？”她回答：“不，一个人在沙漠里并不会感到孤独，和不喜欢的人在一起才会感到孤独。”罗宾在自传《轨迹》中写道：“我进入一个新的时间、空间和领域。一千年的时间挤进一天之中，漫长的时间挤进每一步里。沙漠里的橡树在叹气，对我弯下腰来，好像想捕捉我。沙丘一座接一座，隆起又低伏。浮云卷过来，又卷过去，还有走不完的路，走不完的路，走不完的路，走不完的路。”在似乎走不完的沙丘中，她学习如何依赖土地，对土地也有了更深的感觉和了解。起初，这片土地的开阔和空旷令她害怕，后来慢慢变成一种安慰。自由感和快乐漫无目的地滋长，并强烈地融入徒步旅程中。非常奇妙的是，她真切感到环境变成了有生命的东西，而自己是其中的一部分。

为什么这么多人在遇到生活危机、精神困顿后会选择徒步？关于徒步让人愉悦这件事情在科学上早有解释，我们在运动的时候，大脑会分泌内啡肽，这种被叫作“快乐激素”的奇妙物质，可以让我们抵抗哀伤，掀起兴奋的波涛，让我们创造力勃发，充满爱心和光明感。同时，内啡肽还可以帮助合成体内的血清素和多巴胺，这两种物质都会让人感到快乐。而且在户外徒步，欣赏自然风光，远离日常生活的压力，人的心胸就能开阔，从而获得心灵的平静。

如果遇到生活的烦恼或感到很痛苦，不妨去徒步吧。

推荐阅读书目

《从大都到上都：在古道上重新发现中国》
著者：罗新

本书记录的是历史学家罗新用艰苦的徒步行走，开始了一场关于历史、关于当下、关于自我的深刻探寻。他沿着元代的辇路，历时 15 天，从北京徒步到达内蒙古锡林郭勒盟上蓝旗，这两处在元代被称作大都和上都。这条路是 800 年前元代皇帝往返两都之间的专属性道路。

《我独自穿越沙漠，领悟了安全感和自由》
著者：[澳]罗宾·戴维森
译者：袁田

这是罗宾穿越澳大利亚 2700 公里沙漠旅程后写的自传体小说 *Tracks*（《轨迹》），于 2013 年被改编成电影，获得威尼斯电影节金狮奖和伦敦电影节最佳影片的提名。中文版的书名是《我独自穿越沙漠，领悟了安全感和自由》。

《走出荒野》
著者：［美］谢丽尔·斯特雷德
译者：靳婷婷／张怀强

美国作家谢丽尔·斯特雷德经历了婚姻触礁、母亲去世，自己在绝望中生活多年之后，虽然毫无徒步经验，却独自一人踏上太平洋山脊国家步道，通过长途步行找回自我。她说："我再也不觉得自己是个不可救药的大笨蛋了。我觉得自己充满力量，心存敬畏，内心平静；我觉得在这个世界，我也是安全的。"

丑到极致就成了美吗

你爱美吗，你认为美的对立面是丑吗？

为什么一个完美的仿生机器人面孔却让人害怕？为什么最受青睐的一幅画居然是畸形的？为什么丑和美的观念会发生天翻地覆的变化？从心理学研究来看，对美的理解与情感是息息相关的。我们一起来探讨一下，引起极度“不适”的审丑心理机制。

爱美之心，人皆有之。但是趋于完美无瑕的东西，反而会导致乏味无聊，甚至令人不安。比如说有一个名词叫“恐怖谷理论”——当机器人跟人的相貌非常接近时，会让人感觉极度不舒服，仿生过于完美反而带来惊悚之感。艺术家大卫·莫拉迪拉在创作数码作品《特写肖像》时，特意给人物面孔加上一些瑕疵，以增进容貌的真实美。

美，常常和崇高、庄严联系在一起。有一些西方美学家认为，崇高本是强调审美主体对事物的拒斥和震惊而产生的敬畏感。如果

“丑”也带给大众一种可以引起强烈敬畏感的情愫，那么“丑”也会显得崇高，人们的审美趣味也就转向了“丑”。比如小说《巴黎圣母院》里，道貌岸然的副主教和面目丑陋、心地善良的敲钟人形成了鲜明的对比，颠覆人们惯常的美丑观念。

丑因为崇高而成为美，而陌生化的冲突，也给人以美的震动。伦敦国立美术馆收藏了一幅油画叫《丑公爵夫人》，画中的人物可能得了骨骼畸变的病，显出异于常人的容貌，让人看了不寒而栗。可是在美术馆明信片销售排行榜上，它常年位于前列。这幅画甚至启发了作家刘易斯，创作出了《爱丽丝漫游记》中的公爵夫人的形象——那可是很多西方儿童童年的噩梦。

为什么丑不一定是令人憎恶和排斥的，反而有一种奇妙的吸引力？这就不得不说到一个词——审美的陌生化。陌生化，原本是由俄国形式主义评论家什克洛夫斯基提出的一个著名的文学理论，强调在内容与形式上违反人们习以为常的常情、常理、常事，同时在艺术上超越常境。诸种因素的对立和冲突，造成了“陌生化”的表象，给人以感官的刺激或情感的震动。

比如，巴洛克风格的西西里教堂充满了过度夸张的视觉立体幻象，挑战了人们关于神界安宁气氛和心灵抚慰的所有预期，来访的人在这里会感到冒犯挑衅，同时又充满了兴奋。

美，在某些研究那里是有规律和公式可循的，比如毕达哥拉斯发现的黄金分割比例一度被定为欧洲的美学标准，广泛运用于建筑、美术和设计领域。斐波那契数列也被认为是自然中最美的数字集合，包括海螺的纹路、花瓣和种子的排列都可以用斐波那契数列来分析。

英国著名文化评论家史蒂芬·贝利提出：“科学本身所追求的可能是中立，但这种描述用词的选择或许揭示了人脑构造中最根本的东西：如果能带来智力和知性的愉悦，那么枯燥的微积分也可以是美的。这当然也就提示我们，美的根源可能是存在于思维概念中，而不是具体表象中。”这让我们进一步思考，符合科学定律就一定是美的吗？比如一颗致命的子弹的发射轨迹会显示出一种完美的形态，这也是美的吗？

美和丑是一个流变的观念，比如说中世纪人们会在屋顶上装饰滴水怪兽，表达驱魔驱邪的原始心愿。到了工业时代，人们又把丑陋和邪恶、恐惧联系在一起，就不再装饰滴水怪兽了。

19 世纪的人认为美应该是自然的，人工的就是丑的。因此莫泊桑、小仲马等 300 名文学界、艺术界、建筑界的精英曾签署《反对修建巴黎铁塔》的抗议书，一致认为埃菲尔铁塔是个丑八怪——“可恶的大柱子无用而怪异丑陋”。但随着时间的流逝，埃菲尔铁塔已被看作工业革命的象征、世界建筑史上的技术杰作，显示出法国人异想天开式的浪漫情趣、艺术品位、创新魄力和幽默感。

曾饱受谴责的混凝土建筑、工业设施、工厂厂房，从 20 世纪 50 年代以来却被视为历史的遗迹受到保护，创造出摄人心魄的美。比如北京的 798 艺术区就是工厂厂房改造的，受到很多人的喜爱。

有时改造自然也能带来新的审美。比如，美国 35 号洲际公路被认为是令人肃然起敬、宏伟壮阔的风景，公路清晰流畅的线条表明它不是工业化的丑陋，而是和自然环境形成鲜明对比的另外一种大美。

恶心的东西也可能是美的吗？比如腐臭，也可能受到追捧。在全世界范围内都有人喜欢食臭——螺蛳粉、臭豆腐、豆汁儿、比臭豆腐还要臭20倍的瑞典腌鲱鱼……可以说丑和美的观念是相互转化、不断发展的，同时各种环境的变化引人思考，去打破人们头脑中固有的思维和框架。

一个终极的问题：如果世间没有丑，那么美又从何而来？老子早就说过："天下皆知美之为美，斯恶已；皆知善之为善，斯不善已。故有无相生，难易相成，长短相形，高下相倾，音声相和，前后相随。"一切美丑观念都是相辅相成的，关键在于内心。

推荐阅读书目

《审丑：万物美学》
著者：[英]史蒂芬·贝利
译者：杨凌峰

这是英国著名文化评论家史蒂芬·贝利的图文作品，将数百年来的艺术、设计与文化史编织在一起，探索了理解世界的一种特殊形式——审丑。这本书拓展了传统的美学观念，提供了一种对所谓的"丑"的全新的欣赏角度，妙趣横生，个性十足，异彩纷呈。

《美妙的丑陋》
著者：[美]格雷琴·亨德森
译者：白鸽

跟大谈美相反，这本书说的是丑陋。通过大量的丑陋的历史案例，揭示出尖锐的文化问题。让我们想到，其实在某种特定的背景下，任何一个个体都可能会被认为是丑陋的。研究丑的历史并不是对美的否定，而是一种更加丰富、复杂的生活文化状态。

第四篇

家庭维度：享受温暖的氛围

以退为进的激励机制

如果你想让别人帮忙转发朋友圈信息，需要发红包激励一下吗？

生活中，我们常常需要激励别人工作或者帮我们的忙，该怎么做才有效呢？你觉得是给人家金钱有效，还是口头感激更有效？

实地实验让我们看到一些意想不到的结果。实地实验是新一代经济学家在生活中做实验，根据人的不同动机，设计激励机制。实地实验是最近几十年来经济学实证领域最重要的创新之一。经济学研究者让人们在不知道自己被观察和研究的前提下，在自然环境中从事各种贸易和经济活动，从而发现人类行为动机的弱点。

有些实验结果非常有趣。

比如，在激励义工方面，传统的绩效工资效果还不如不发奖金。

愿意做义工的人是本着一种为他人服务的奉献精神，工作之后会得到极大的精神满足。如果按照传统的绩效工资来计算，参加了几次活动、可以得到多少奖金，义工反而会觉得收入和付出的时间不成正比，而且感到自己的奉献不再纯粹，工作中的愉悦度也大打折扣。

这个实验让我联想起一本图画书《市场街最后一站》，故事说的是每个星期天，小杰都和奶奶一起搭乘巴士到市场街最后一站的爱心厨房去做义工，为穷人分发食物。小杰在这个过程中体会到为别人献出爱心能带给自己神奇的力量，感受到人与人之间的温暖，即使身处尘埃，也能看见彩虹。

再比如，管理者都很关心如何激励员工努力提高产量，有一个实地实验是在中国厦门一家电子产品生产公司做的，进行了 6 个月。目的很简单，就是看能否通过改变表述方式来提高生产率。

实验者设计了两封信，一封信的内容是这样的："亲爱的某某员工，如果你所在的团队一个星期的平均生产率超过每小时 400 件，你就可以每个星期获得 80 元的奖金。" 80 元钱在当时不算少，大约相当于工人周薪的 20%，还是很有吸引力的。

另外一封信的文字有所不同："亲爱的某某员工，我们将一次性给你 320 元奖金，但是，如果你所在的团队一个星期的平均生产率低于每小时 400 件，你每个星期就会被扣掉 80 元。"

你看到了吧，第一种设计是奖励"胡萝卜"，第二种设计混合了奖励的"胡萝卜"和惩罚的"大棒"。猜猜看，哪种方法更能激励员工？

结果显示两种方法都能提高生产率。

不过，对个人来说，“胡萝卜”激励机制（第一封信）更有效；对团队中的员工来说，害怕“大棒”（第二封信）激励效果更明显。也就是说，“对损失的恐惧”比“获利的向往”更能激励员工。

所以，阐述实地实验的《隐性动机》这本书建议，如果你是一个公司的管理人员，不用真的挥舞大棒，只要在表述的时候强调“如果不提高效率会给他们带来损失”，就可以达到实验中的激励效果了。

听了上面实地实验的故事，你有没有一种冲动：挺好玩，我好像也可以设计一个实验，学习如何利用隐性动机引导人们做出自己希望的反应。比如，如何在朋友圈激励别人帮你转发信息？是不发红包好呢，还是大范围发小红包，或者定向发大红包？

《隐性动机》中有一个类似的实验——如何激励别人帮助完成调查问卷，作者建议如果是小钱（少于 1 美元），可以提前大范围地给；如果是大钱（比如超过 15 美元），就在别人完成之后给。对你来说，这个方法行不行呢？不妨在你的朋友圈里试一下吧。

如果需要别人帮你一个很大的忙，一个行之有效的策略是先请他们帮一个小忙。有一个实验是这样的：在网络聊天室发出一个求助的请求：“我的电子邮件出问题了，你能帮我发一封邮件吗？”得到帮助的次数大约是 2% 。而如果先请对方帮一个小忙：“我刚刚开始学习用电脑，你可以告诉我怎么看别人的文件吗？”等对方答应了，你再请求帮忙发电子邮件，得到帮助的次数增加到 16% 。

直接求助和先请对方帮一个小忙的差别为什么会这样大？这和

“行动决定态度”的理论相一致。对方能帮你一个小忙，说明他们在内心里认为自己是乐于助人、慷慨大方的人，而且是自愿帮助你的，如果拒绝你的下一个请求，就会对自我的认知产生不协调——“我可是一个好人啊，刚才还帮了他，一转眼我怎么就拒绝人家了？这多伤人家的心啊。不行不行，还是帮他吧。”所以，一旦接受了他人的一个微不足道的请求，为了给他人留下前后一致的印象，对方就有可能接受更大的请求。

激励别人，有时候只是一个念头的小小改变。

推荐阅读书目

《隐性动机：日常生活中的经济学和人类行为背后的动机》
著者：［美］尤里・格尼茨／约翰・李斯特
译者：鲁冬旭

本书的经典案例或结论大量地被其他行为经济学作品引用。其中的实地实验所跨越的领域广泛，从教育到青少年犯罪，从医保、慈善到定价、生产效率等。不足之处在于一些研究忽略了个体的主观能动性、社会文化差异以及深层内心活动的多变性。

《剧变：人类社会与国家危机的转折点》
著者：[美]贾雷德·戴蒙德
译者：曾楚媛

危机来临时该如何应对？作者贾雷德·戴蒙德的成名作《枪弹、病菌和钢铁》曾荣获普利策图书奖，在这本书中，他运用跨学科的思维方式，分析了近代史上7个国家的8次危机，从社会学、心理学、政治学、经济学、进化生物学等多学科出发，给出了“危机应对12个步骤”。

买衣服是女人一生的刚需

你是否有一柜子衣服，还是觉得没有衣服穿？

女人临出门就发愁：有一柜子的衣服，为什么还是觉得没有衣服穿？女人娱乐的方式之一就是买买买。购物对大多数人来讲都是正常的，但是为什么买衣服会成为女性生活的重要部分，甚至是女人一生的刚需？

有些女性几乎达到病态的程度，购买远远超过遮身蔽体所需要的衣服。不同的学科研究者在不同的层面都解释过这个问题。从社会经济学的角度来看，是沿用消费主义的观点，商业社会需要刺激消费，商业广告、时装模特、时尚杂志让女人产生虚幻的带入感，自觉成为商业的一个环节，而通过让女人穿戴昂贵的珠宝服饰，男人也可以展示在经济上的成功。而人类学家认为特定的服装传递的是一定的社会规则和地位，不同社会地位的人有不同的着装。

心理学精神分析流派的开山鼻祖弗洛伊德曾经说：“所有的女人都是服装恋物癖者。”即使最聪明的女人对服装也毫无抵抗力，服装代替了身体的一部分，女性需要服装来展示自己拥有女性的属性。

精神分析是一个产生过巨大影响的心理学流派，当代精神分析理论在弗洛伊德理论的基础上进行了多方面的扩充。《女性的力量：精神分析取向》作者阿琳·克莱默·理查兹博士是当代精神分析学的一位杰出代表人物。作为一位女性，理查兹博士尤其关注女性议题。她致力于研究一个有关女性发展、创造力的深层精神分析世界，女性从个体性和社会性的体验出发，产生了多种多样的生活。精神分析认为服装是通向潜意识幻想的一条线索。

理查兹博士认为在潜意识里，时装跟女性的性吸引力有积极的关系，时装杂志、时装广告都会突出这一点，女性用服装来加强对性欲的体验，增强性吸引力。很多亲密女性会交换衣服、一起购买衣服，这在成年男性中是非常罕见的，很难见到男性互换衣服，或者结伴去挑选衣服。

对于女人来说，服装不只是一种装饰物，也是对身体的颂扬，不同的服装会展示不同的自己，交换衣服和一起购买衣服是一种社会认可的女性的消遣，是一种共享亲密和可接受的性欲化的体验，表达的是一种渴望被爱的幻想。精神分析认为在试衣间里不停地换衣服，这是一种脱衣舞游戏，而向陪同的异性寻求试穿意见，是在社会文化认可的范围内公然展示情欲。男性陪同女性买衣服、试穿衣服，是很多电影中两性关系突飞猛进的一个重要环节。

买衣服也可以防御悲伤和丧失。比如，很多女性在受到挫折之后会疯狂购买衣服。有一种方式是季节性疯狂购物，就像贪食症，以此来拒绝接受自己逐渐衰老的现实。甚至一些事业上非常成功的女性有购物狂倾向，一旦感觉到挫败，就会疯狂购物，通过依赖满坑满谷的衣服来获得安全感，用不同季节购买新衣服、忙着清理上一季衣服的方式，来否认、回避时光的流逝。

购买不同的衣服是对身体的不同态度。理查兹举了一个疯狂购物的例子：一个情感受挫的女性开始会买很多便宜的衣服，几天的新鲜劲过去后又买了更多，也会频繁地借朋友或者母亲的衣服。精神分析认为这表达了对自己身体的焦虑和失望，希望反复改变自己的身体，不停地买衣服其实是借衣服寻找另一个身体（有时候是孩子气的，有时候是女人味的），是一种激情，一种释放。

精神分析从出现到现在都伴随着各种争议，也在争议中不断地发展。理查兹博士作为弗洛伊德派的心理分析师，自然将重点放在了性的角度：衣服是性欲的展示，是性欲的压抑。当然，我们不一定认同这个观点，但是它提供了一个视角：服装是理解女性心理的一个重要途径，也是身体和世界之间的媒介，衣服是保护性的，也是一种幻想的袒露，传达了穿衣者的愿望和恐惧，展示了自己或者父母、配偶的经济能力。

推荐阅读书目

《女性的力量：精神分析取向》
著者：[美]阿琳·克莱默·理查兹
译者：刘文婷／王晓彦／童俊

本书展现了一个有关女性发展、创造力的深层精神分析世界。理查兹博士偏重于个案的分析，这样的好处是谈得比较细腻，不足是个体不能代表全体。人类的有趣就在于迷人的多样性，个体的差异比相似更让人惊喜。

当呼吸化为空气：一个医生的临终思考

生命的意义是什么？如果你的生命进入倒计时，你会做些什么？

这是一个学霸的简历：斯坦福大学英语文学和人体生物学双料学士，剑桥大学的科学史和哲学研究硕士，并以优异的成绩从耶鲁大学医学院博士毕业。在斯坦福医院神经外科做住院医生时，以博士后研究员的身份发表了一系列开创性论文。正当他即将获得斯坦福医学院外科教授职位并主持自己的研究室时，却被诊断出患有晚期肺癌，瞬间从治病救人的医生，转变为危在旦夕的病患。面对死亡，如何使自己有限的生命更具价值？保罗·卡拉尼什开始了自己的思考。

在保罗被诊断发现癌症时，他正因为长期高强度的工作，婚姻亮起了红灯。但是疾病把他和妻子重新连接在一起，他开玩笑地说："挽救婚姻的最好办法是让一个人得绝症。"保罗原本规划四十年的职业生涯是前二十年做外科医生或者研究人员，后二十年写东西。

但是因为疾病他必须快速进入后二十年。

保罗小时候的梦想并不是当医生，而是成为一个作家。因为他的父亲就是医生，每天天不亮就上班，天黑才回来，保罗认为当医生的代价实在是太大了。他的母亲把全部的心力都放在孩子的教育上，在他很小的时候就带着他一起阅读大学学前书单。《美丽新世界》这本书奠定了保罗最初的道德哲学，他申请大学时论述文的主题就是此书，他说："快乐幸福并非生命的意义。"女朋友借给他一本小说，主角是一个医生，这本书激发了他对生命医学的兴趣，让他想探究是什么让人类的生命充满意义？于是，他选择了从医。

医学院的经历让他加深了对意义、生命和死亡三者关系的理解。毕业后，他选择了神经外科。在他心中，这个专业有着哲学和生物学的双重意义。治病救人是每一个医生的职责，而神经外科医生要为病人在保命和保住个性之间作选择而备受煎熬，不只是让别人活下去，还要决定怎样的人生才值得一活？你愿意用失去说话的能力来交换延续几个月的生命吗？你愿意冒着丧失视力的危险排除脑出血的可能吗？神经外科医生必须要在情感科学和精神难题的茂密荆棘丛中杀出一条血路。

医生和绝症病人的双重身份让保罗有撕裂的感觉。他决定要继续活着，而不是等死：他做试管婴儿，给妻子留下一个新生命；查出癌症后的 9 个月，他经常做手术到深夜甚至凌晨。他认识到我们建立科学理论是为了组织和掌控这个世界，但科学也无法解释人类生命里最核心的部分：希望、恐惧、爱恨、奋斗、痛苦和美德。最终，他找到了自己的核心价值：牺牲、救赎和宽恕。

保罗被确诊绝症之后，并没有被消极的情绪所困扰，而是敞开心扉，坦然面对困境，在生命的最后，依然毫不懈怠地去完成自己的梦想——承担着保护所爱的人的责任。他的特别之处在于从小热爱文学，在从医的职业生涯中，也从来没有忘记文学。保罗把语言视作一种几乎超自然的力量——“让我们那一厘米厚的头盖骨下隐藏的大脑实现沟通共享”。在他生命的最后一年里，他不断地在阅读和写作中思考：面对逃不掉的死亡，是什么让我们的生命值得一活？

在女儿 8 个月的时候，保罗永远地离去了，终年 37 岁。很多人是在保罗死后才认识他的。他没有能够在热爱的医学领域继续前进，但是语言文字的寿命长过人的生命，他留下的文字依然给后来者一些启迪，实现了他认为生命存在的意义：躯体有尽时，灵魂无绝期。

《当呼吸化为空气》这个书名，来自 17 世纪英国诗人福尔克·格莱维尔的诗《卡伊利卡》，这首诗也放在了这本书的开篇：

你在死亡中探究生命的意义，
你见证生前的呼吸化作死了后的空气。
新人尚不可知，故旧早已逝去：
躯体有尽时，灵魂无绝期。
读者啊，趁生之欢愉，快与时间同行，
共赴永恒生命！

推荐阅读书目

《当呼吸化为空气》
著者：［美］保罗·卡拉尼什
译者：何雨珈

一个很有前途的医学工作者在生命最后的思考：面对逃不掉的死亡，是什么让我们的生命值得一活？有着医生和病患的双重身份，他对意义、生命和死亡三者关系的理解就更加复杂和感人。他最终实现了自己认为生命存在的意义：躯体有尽时，灵魂无绝期。

《十二堂生命课》
主编：柳红

这是国内首次系列生命公开课的结集出版。子尤妈妈、独立学者柳红，“急诊科女超人”于莺，“渡过”公众号创办人张进，乳腺癌康复者叶丹阳等十位讲者，把老、病、死的话题作为公共话题来讲，希望人们重新思考自己的人生，让人老后和病后的生活充满希望。

《认识身体：探索人体微宇宙》
著者：［英］加文·弗朗西斯
译者：马向涛

作者巧妙地将亲身经历、人文历史和科学知识融为一体，介绍身体的神奇变化，阐述对生命动态和转变的思考。比如谈到人的睡眠，他不是运用弗洛伊德的潜意识分析，而是通过和病人讨论梦来缓解病人的精神压力，轻松地诉说自己的恐惧和焦虑。

火葬场里的奇异人生

当你的人生有过不去的坎儿时，去医院或者火葬场走一圈，能否重获活下去的勇气？

我们经由接生大夫来到世界，而离开世界是由殡葬师送走。我们对接生的大夫一无所知，但知道他们的工作是帮助产妇把孩子生出来，迎接新生命，喜气洋洋。而身后事，却透着悲伤。殡葬师，到底是做什么的呢？我们对他们，又了解多少呢？

“也许你不曾参加过葬礼，但全世界每一秒就有两个人死亡。你读完上一句话的工夫，世界上就少了八个人……现在少了十四个。既然死者不能自理，就得殡葬师代劳。”我们不妨跟随年轻姑娘道蒂认识一下殡葬师这个职业。

道蒂，大学念了四年中世纪历史专业，写了解读原住民的死亡观的论文。一方面不太好找工作；另一方面为了弥补童年的心灵创伤，于是她想去殡仪馆工作，每天直面死亡。道蒂一开始有种烂漫的想象，打算开一家优雅的殡仪馆，实践所谓的“死亡美学”——用骨灰作画；把骨灰制成子弹一枪崩上天；把骨灰做成钻石戴在手上。然而火葬场一股奇特诡异的力量把她变成了“浩瀚宇宙中的人骨粉碎机”。

道蒂在找工作的时候，老板问她：“你有火化尸体的经验吗?”道蒂自嘲说：“殡仪馆貌似特别看重经验，好像谁都能在高中学到火化尸体这门手艺似的。”

毕竟想来殡仪馆的人也不是那么多，她虽然没有经验，但还是被录取了。第一天上班的工作是给死者刮脸，她说：“干这活儿真没有什么成就感可言。”第一次给死者刮脸简直恐怖又搞笑——“我试着把拜伦的双眼合上，但他布满老年斑的眼皮像百叶窗一样，刚一闭上就弹开，好像非要看着我干完这活儿才行”。

在一个初出茅庐、笨手笨脚的殡葬师手下，隆重的仪式变成了可笑的滑稽戏。在道蒂眼里，搬尸体和搬家差不多，都是一些几何和物理问题，因为如果算不好角度，尸体就没有办法顺利抬下楼。她第一次听到华裔的哭丧，感觉“自己好像一个人类学家，误打误撞目睹了某种未知的神秘仪式”。

道蒂没来殡仪馆之前曾抱有幻想，以为可以一边吃草莓一边焚烧尸体，下班路上还可以思考一下死亡的深层含义。实际上，每天一到中午，浑身落灰的鬼样子就像一个卖火柴的小女孩。有时需要动手捣碎没有完全火化的头骨，有时裙子上会沾上人类的脂肪。“你肯定会被眼前的场景恶心到想吐。”道蒂说。

比尸体更恶心的是人。为了逃避火葬费，有的人故意抛弃家人的骨灰；为了省事，有的家属在网上预约火葬服务，要求骨灰快递；殡葬业出售尊严，防腐成为一个价值数十亿美元的产业……美好的事物，爱它不难；丑陋的事物，要不要去面对呢？怎么去面对？道蒂只是耸耸肩：无论有多恶心，也请接受死亡的真相。

去看、去闻、去感受、去体验——殡仪馆的工作让道蒂从一个恶趣味的非主流年轻人变成了多愁善感的姑娘，即便看到样子别致的停车场计时器，也会感动得一塌糊涂。经过殡仪馆直面死亡的工作体验，她治愈了童年的心理疾病，重塑脑回路，获得了神话学家约瑟夫·坎贝尔所谓的"更大胆、更整洁、更宽广的充实生命"。

道蒂把自己的工作经历写成了处女作《烟雾弥漫你的眼》。书名出自一首情歌，原歌唱道："人们曾经问我，怎知我的爱情意真挚，我理直气壮地回答，内心深处的感情是无法否认的。如今我的爱人离我而去，伤心的泪水再也隐藏不住，我只能强颜欢笑地说，当爱情的火焰熄灭时，烟雾弥漫你的眼。"

在道蒂之前，还有一个老殡葬人托马斯·林奇。他歌颂生命，敬畏死亡，他的《殡葬人手记》写出了小镇形形色色的生与死。林奇看透生死，写下铿锵的诗句："我们在葬礼上所做的一切，乃是为了我们的生活免于寒冷、免于空虚和无意义，免于嘈杂的胡言乱语和彻底的黑暗。是我们表达惊奇、痛苦、爱和欲望、愤慨和狂怒的声音，是熔铸成歌曲和祈祷的话语。"

殊途同归，两代殡葬人用不同的方式完成了自己对生命意义的追寻，传达了内心对生之热爱、对死者尊严的关心。

推荐阅读书目

《烟雾弥漫你的眼：我在火葬场学到的生命学》
著者：[美]凯特琳·道蒂
译者：崔倩倩

中世纪历史专业出身的姑娘在美国殡葬业工作6年的真实记录。一个不同寻常的成长故事，一次对生命与死亡的沉思，道蒂用黑色幽默的笔触描写殡仪馆的古诗，细腻到让读者有一种生理上的不舒服，有着奇特的怪异和反讽。

《殡葬人手记：一个阴森行业的生活研究》
著者：[美]托马斯·林奇
译者：张宗子

林奇是一个密歇根小镇的殡仪馆从业者，受雇做埋葬和焚烧死者的工作。工作之中，他始终敏锐地聆听着透过死亡传达的爱和悲伤的话语。他是老派的诗人，他的诗仿佛有一种看透世事的笃定与从容："每一次死亡，总有一些补救；每一次丧失，总有一个写着我们姓名的复活节；每一次悲伤，总有爱作为安慰。"

快乐很简单，幸福很复杂

养孩子不快乐，但很幸福？

有一年的电视新闻里，记者问一个农民工："你幸福吗？"这位大哥回答："我姓曾。"人生中这么重要的一个问题，被他无意地娱乐化消解了，这个回答迅速走红网络。

思考幸福，其实并不是一个形而上的问题，而是感受力的问题。幸福，到底是什么？

比如说，有了孩子会幸福吗？为什么我们会选择生孩子？（在这里，生孩子是指你自主选择生孩子，而不是出于繁衍后代的生理需求。）为了更快乐吗？调查数据告诉我们，养育小孩很多时候并不是快乐的体验。那么为人父母的幸福感来自何处？

行为经济学家保罗·多兰博士在《设计幸福》一书中提出自己的思考：作为父母的幸福，来自为孩子做的一些非常有意义的事情，比如说帮孩子穿鞋、给他们讲故事、教他们阅读，这些事情可能很烦琐，不一定会让你感到快乐，甚至不如打游戏、看演出或者和朋友聚会更让你快乐。有了孩子之后，你不得不放弃以前习惯的玩乐方式，但是照顾孩子，教给他们本领、知识和智慧，这是一件非常有意义的事。也就是说，养育孩子会给我们的生活增加更多的意义感，让我们感到幸福。

作为一个研究幸福的学者，保罗·多兰经过深思熟虑之后决定生孩子，现在有了一个儿子和一个女儿。他坦率地说，在养育孩子的过程中，快乐只是少量的，大量的是痛苦，但还有超大量的意义感。或者说，因为孩子的到来，平衡了生活中快乐和意义感的关系，而感受到完全不同的幸福。

有研究表明，虽然跟孩子在一起度过的时光对快乐的影响是有限的，但却是一种更有意义的时间利用的方式。例如，我们的大脑似乎是按照所发生的事情来计算时间的，和孩子在一起，总会不断拥有新的体验，让你感觉时间变慢了，生活更丰富了。

再以婚姻为例。婚礼上两个人发誓要幸福地在一起，但事实上，已婚的妇女并不比未婚的女性更幸福。虽然已婚的妇女可以从夫妻双方的亲密时光中获益良多，但是一个没有结婚的人有更多自由的时间过随心所欲的生活。如何才能让婚姻更幸福？这需要平衡的技巧。既能够共度亲密时光，又有各自独立时间的夫妻是最幸福的，他们可以从共同时光和自由时光中同时受益。

当然，追求幸福的人不一定需要结婚，也不一定非要生小孩，举婚姻和生孩子的例子是为了说明幸福的生活包含快乐和意义感等积极的情感，而不幸福包含痛苦、空虚感等消极的情感。

如果将幸福定义为快乐和意义感之间的平衡，那么有时候我们做一些乐趣比较少的事情其实是有意义的，如戒烟、减肥、长跑、学习，在某个阶段并不快乐，甚至是痛苦的，但这是牺牲今天短暂的快乐去换取未来更多的幸福，同时在艰苦学习的过程中可以获得意义感的体验。有研究告诉我们，生活并不是牺牲今天的幸福去换取未来的幸福，而是在不同的时间，以不同的方式在快乐和意义感之间做出平衡和取舍。

很多人把收入等外在的因素和幸福的结果联系起来，如果我们只看重外在的东西，就像一句流行的话"升职加薪、开宝马、住洋房、娶白富美，攀上人生巅峰"，真的这样就可以得到幸福了吗？保罗·多兰博士认为这是对幸福的误解。他将外在的因素设定为争夺注意力的刺激物，金钱带来的幸福感不仅取决于数量，而且取决于对金钱的关注程度。这就是为什么有的人会后悔，过于追求金钱，而丢掉了幸福。当然，食不果腹肯定是不幸福的，在基本温饱条件满足之后，金钱和幸福的关系并不成正比。

注意力的分配对幸福感也有影响。保罗·多兰本人有口吃问题，当他学会不再关注自己讲话的方式，也就不再为口吃感到烦恼。所以，我们可以通过改变行为模式的方法来增加幸福感。

幸福感不仅和关注积极因素有关，也与忽视消极因素有关。如果你感到不像预期的那么幸福，就有可能将注意力放错了地方。

幸福的秘诀在于从日常生活中发现快乐和创造的意义。哈佛大学最受欢迎的幸福课告诉我们，三种工作态度决定了你是否幸福：你是把工作当作赚钱的工具，为了晋升发展还是为了实现自我？把工作当作实现自我价值的人，工作表现最佳，工作幸福感也最高。

如果一个人看重工作的意义、养育孩子的意义，那么幸福感会更高。

推荐阅读书目

《设计幸福》
著者：[英]保罗·多兰
译者：张金凤

作者将行为经济学的全新发现与自己的独创性研究相结合，将幸福定义为人们对快乐和意义感的体验。只要在这两者之间找到平衡点，每个人都会得到自己想要的幸福。如果我们将注意力引向能够真正带给我们幸福的事情，自然就能提升我们的幸福感。

《天生非此：家是如何影响我们一生的》
著者：[英]奥利弗·詹姆斯
译者：贾萱／魏宁

被《泰晤士报》誉为“国民心理学家”的奥利弗·詹姆斯告诉我们，

孩子会成为什么样的人，除了天生的基因之外，最终取决于孩子受到的养育方式。很多父母焦虑孩子的问题，其实根源是在自己身上，一旦大人解决了自己的成长问题，孩子的问题往往就消失了。

家门口的自然惊奇

站在你家附近的院子里，你能认出几种植物？闭上眼睛，你能听得到几种鸟鸣？

“倘若我对仙女有影响力，我会恳求她赐予世界上每个孩子惊奇之心，而且终其一生都无法被摧毁，能够永远有效地对抗以后岁月中的倦怠和幻灭，摆脱一切虚伪的表象，不至于远离我们内心的力量源泉。”这是著名的自然文学作家雷切尔·卡森的一番话。而《自然》的作者凯·马奎尔，仿佛就是受了仙女的点拨、始终保有一颗孩童惊奇之心的艺术家。在他的笔下，自然就是在身边的一草一木，而不光是郊外的山川、远方的大海。

让我们打开家门，一起寻找门外的自然惊奇，去感受平常之景，虽无言而有大美，熠熠生辉。

比如树木之美，在《自然》一书中，春天的树林是这样描述的：“树木苏醒了，枝叶尚显稀疏，阳光就从枝丫间倾泻而下，给了花儿最需要的温暖。”而冬天是另外一幅场景：“冬霜仿佛在大地上作画，秃枝上悬着晶莹的冰柱。”“冬天的果园，大雪纷飞，大树依然坚定地站在那里，在雪白的大地上投下黑色的剪影。”这样的树木有着自然韵律之美。

全方位地感受自然，不只是视觉，还有听觉、味觉和嗅觉。同一场景，四季的颜色都极为不同，仅仅是秋天的花园，就有黑色、褐色、黄色、红色、黄褐色等颜色，层次分明，自然有序，完全没有杂乱的感觉。池塘春天是清透的，而到了秋天，“水生植物逐渐枯萎，池塘、湖水就像泼了墨汁一样不再清澈明丽”。

不要忘记倾听天籁之声。平时在城市里，我们听到的喧嚣声音实在是太多了。能静心分辨出自然的声音并享受它，是一件很不容易的事情。例如，春天的花园有各种鸟的歌声，其中知更鸟、画眉鸟是每天最先开嗓的领唱者；夏天的花园，闭上眼睛仔细听，蜜蜂嗡嗡，小鸟唱歌，除草机轰轰；秋天的果园，苹果、桃子、梨子，“砰砰砰”地掉在地上。走在秋天的人行道上，踩上枯叶，就会听到“哧哧咔咔”的声音；冬天漫步在树林，能听到的唯一的声音就是脚踩在冰霜上的声音。

嗅觉感受到的芬芳也很美好。走在春天的树林里，停下脚步闻一闻，有没有闻到浓浓的野蒜的味道？在夏天的花园里，趴在地上近距离感受一下薰衣草散发出的甜美芳香。到了秋天，果园里红宝石一般的樱桃，也散发出扑鼻的香味。你还可以动手留住味道，秋天收获的蔬菜水果，洗一洗、切一切、煮一煮，泡菜和果酱就做好了。

很多人都认识到城市化发展对儿童身心成长不利，但是他们理解的回归自然往往是去远方。其实自然惊奇并不是都在远方，而是在你的身边，就在你的家门口。保持一颗惊奇之心，就能发现自然的美妙。例如，在菜园里，沿着树叶上留下的洞和黏滑的足迹，你可以找到鼻涕虫和蜗牛。

我最喜欢《自然》一书中描写街道的四季。春天，小鸟在水池里找水喝。夏天，人行道和墙角的缝隙，长出了紫色花和粉色花。路灯亮了，蛾子在路灯下飞舞。秋天，走在人行道上，踩到坚果和种子，发出嘎吱的声音。冬天，喳喳叫的知更鸟在夜晚的路灯旁唱歌。

我和孩子开始有意识地观察我们身边的自然。在北京，我们可以留意到本地的植物有狗尾巴草、蓝色的二月兰、黄色的蒲公英。院子里，最常见的动物有灰色的麻雀，黑乌鸦和蓝尾巴的喜鹊，还有刺猬和猫头鹰呢。最惊奇的是，我和孩子留意到楼下小花园里有一个小小的洒水喷头，清晨的时候，野猫和喜鹊、麻雀依次去喝水。好像很有默契，一只鸟在喷水池喝水，其他鸟就在电线上排着队，井然有序。

这些声音很特别吗？没有。

这些花草树木的味道很奇怪吗？没有。

为什么我们平时听不到、闻不到呢？

因为没有调动感官，没有打开心灵，没有去拥抱自然精灵，哪怕它就在我们家门口，从未远离。

认识到日常之美后，我不由自主地想到杜威的教育观念：教育即生活，教育即生长。他认为“教育是生活的过程，而不是将来生活的准备”。他把教育与生活、生长与发展视为同一意义的概念，学校、家庭和社会，各种场合的教育实质上进行的是不同形式的生活。我们家门口的一草一木，就是自然的生活体验，就是最好的科学和美学的教育。杜威还提出“生长”是生物的根本特征。不仅儿童在生长，成人也在不断生长。“生长”是教育的目的，也是人生的目的。四季更迭，万象更新，人也在自然中成长。

所以，你在阅读完这段文字后，可以打开家门出去走一走，用心灵去感受，就更可能遇到属于你的惊奇时刻。

推荐阅读书目

《自然》
著者：［英］凯·马奎尔
译者：李悦

如自然仙女的细语，诠释发现之美：8 个场景（花园、菜园、树林、农场、田地、池塘、果园、街道）、一年四季 12 个月份、600 种小生命，将自然观、哲学观、教育观融入诗一样的文字和宁静恬淡的图画之中。

《家门口的四季》
著者：康素爱萝

本书以恬淡清新的笔调，记录了住在城市里的普通人，对身边一年四季草木风物的认知与感悟。在对那些久已不再留意的时令变化、树木花草、鸟虫果蔬的细节描述中，重拾简单朴素的生活闲趣与小小的惊喜。

《不速之客：藏在家里的自然史》
著者：[英]理查德·琼斯
译者：花保祯

一大群小动物：甲虫、蚊子、臭虫、蝙蝠、老鼠……不经过你的邀请就来跟你同居。本书从昆虫、微生物、哺乳动物、鸟类等不速之客入手进行自然科普，堪称一部藏在家里的自然史和考古史。作者主要谈这些闯入者的生物学特征以及对人类的影响，有的要请出门外，有的可以成为小宠物。

基因厉害，还是教育厉害

你认为孩子是一张白纸，还是一颗种子？

在教育问题上，父母从未有过像今天这样的焦虑感。很多关于养育的学说认为要培养出色的孩子，父母必须仁爱而威严，善于交谈，如果孩子有问题，一定是父母的问题。真的是这样吗，有什么样的父母就有什么样的孩子吗？孩子是一张白纸，可以描画出各种图景吗？

有学者不这么认为。史蒂芬·平克，曾经是麻省理工学院认知神经学中心的掌门人。他从认知心理学和基因进化的角度探讨“人的天性”，承认个体行为受到天性影响，在“生而不平等”的前提下探讨平等之实，并由此写了《白板》一书。书中指出有的人认为父母和儿童行为之间存在相关性，是建立在这样一种信念之上：儿童的心智就是一块白板。父母可以像捏橡皮泥一样塑造自己的孩子。而他认为，实际上，这种教育方法违背了儿童的天性。

行为遗传学有三条重要的研究发现：第一，人类所有的行为特征都是可以遗传的；第二，家庭环境的作用要远远小于基因的作用；第三，在人类复杂的行为特征方面，有相当一部分比例的变异不能够用基因或家庭作用来解释。史蒂芬·平克做了一些基于欧美中产阶级家庭的相关研究，排除掉一些极端案例，如非法遗弃、严重虐待等。

有研究发现，家庭环境的作用要远远小于基因，例如，一起抚养的兄弟姐妹之间的相似度并不比那些一出生就被分隔开来的兄弟姐妹的相似度更高；一对同卵双生子无论是分开抚养还是一起抚养，他们之间的相似度都是50%。总结起来就是基因的作用占一半，共享环境为0，独特环境为50%。

基因和父母教育方式并不能够决定一切，那么影响孩子的是什么呢？史蒂芬·平克提到了群体社会化理论。请你回想一下，你说话像你的父母还是像和你一起长大的伙伴？在穿衣打扮喜好方面更像谁呢？事实上，几乎在任何情况下，人们都会模仿同伴而不是他们的父母。儿童也有自身的文化，儿童要在自己所属的社会群体里做到游刃有余，逐渐形成自己的个性特征。在每个群体中都有人成为组织者，有人成为普通成员，还有人成为受气包。孩子占据哪个位置取决于是否有合适的位置，这个孩子是否适合这个位置以及机遇问题。

因此，孩子并不是一团无法区分的原材料等待着被塑造，他们天生就具有自己的个性特征，而且以其个性特征与父母产生独特的互动方式。对孩子产生影响的是父母和孩子之间的互动，而不是万能的育儿哲学。甚至所谓的育儿哲学，有利于一部分孩子，但是有可能对另一些孩子产生不利的影响。

当你知道要培养一个幸福又成功的孩子，是没有什么法则可以遵循时，是否令你大失所望呢？史蒂芬·平克从生物科学的角度告诉我们：我们不需要预设孩子应该具备的特征，而应该对孩子生下来就有的天赋感到高兴。如果我们知道并不能设计孩子的成长，就更应该享受和孩子在一起的时光，比如说给孩子讲故事是为了让孩子获得快乐，而不是因为这样有益于神经发育。

那么，采用什么样的方法教育孩子不重要喽？

非也。父母对待孩子的方式非常重要，孩子的幸福会因为父母的行为表现而有所不同，“我们或许并不能左右他们的未来，但是我们确实在影响着他们当下的状况，而且我们有可能让他们当下变得非常的悲惨”。父母必须是很好的看护者，要让孩子得以存活，同时也要为孩子选择适当的成长环境、提供相应的技能和知识。这些方式的确会影响孩子在家庭里的行为表现，但是并不会对孩子的智力和个性产生深远的影响。

每个人生来不一样，人类心智的复杂、运行的奇妙，令人惊叹。父母和孩子之间其实也是一种人际关系，是平等的。不能因为无法改造你的伴侣而感到失望，父母对孩子也是如此。同时，在生命发展历程中，权力的平衡会发生改变，父母善待自己的孩子，等到他们成年之后，能够拥有美好的记忆，同时也会善待年老的父母。这难道不是人性的美妙吗？

推荐阅读书目

《白板：科学和常识所揭示的人性奥秘》
著者：［美］史蒂芬·平克
译者：袁冬华

哈佛大学实验心理学博士史蒂芬·平克直面人性科学研究领域的诸多热点话题：政治、暴力、性别、儿童及艺术，发现诸多现实冲突背后的分岔路口及共享的普世价值观念。这本书是一场探索人类本性的奇幻之旅。

《让天赋自由》
著者：［英］肯·罗宾逊／［美］卢·阿罗尼卡
译者：李慧中

本书的主题是如何找到自己的天赋。人类生来就具有独特的天赋，但随着在现实世界中的阅历增长，人们就会丧失很多潜能。造成这一后果的原因有刻板的单一评价标准、社会的偏见、文化的约束以及个人认识的局限。随着教育的终身化、人的寿命的增长，任何时候发现自己的天赋都不晚。

《双螺旋：发现 DNA 结构的故事》
著者：［美］詹姆斯·沃森
译者：刘望夷

诺贝尔生理学或医学奖得主詹姆斯·沃森充满激情地讲述了 DNA 双螺旋结构的发现历程，是一部少有的动人心魄、充满个人情绪、有着好莱坞式的戏剧张力的科学书。

受宠的丰满，失宠的胖

你认为胖代表着愚蠢笨拙、没有自控力、软弱吗？

胖原本是一种进化优势，在过去物质匮乏时期，吃了能存身上，那就是活下来的保障。像吃了也白吃，瘦的像鸡崽儿似的，那放在过去肯定是淘汰品种。在这个看脸的时代，你要跟别人说“下丘脑弓状核和腹内侧核之间神经肽 Y 神经元的环路连接”，别人可能不知道你说的是什么玩意儿，其实翻译成通俗的话就是“以自然胖为美”。

不信的话，有许多例子可以佐证。比如，唐代的杨贵妃不就是靠“温泉水滑洗凝脂”赢得“万千宠爱于一身”吗？年代远一点的，古希腊女神雕像个个都有些隆起的腹部。年代近一点的，20 世纪 50 年代的性感女神梦露，可是有肉肉的小肚腩的。甚至现在西非的毛里塔尼亚依然将肥胖视为美，在那里你要是有 A4 腰、马甲线，出门都不好意思跟人家打招呼，丰满才有回头率。以胖为美的社会可能并不考虑进化论，不过在物质匮乏的时代，胖一点意味着经济条件好、社会等级高。

可是到了不愁吃喝的今天，肥胖成了一个要命的事情。很长时间以来，人们都把胖妖魔成一种道德问题，而不认为胖其实是医学问题。一个胖子，常常被认为是愚蠢笨拙、没有自控力、软弱的对象，生活中的伤害随处可见，经常被肆无忌惮地嘲笑调侃。管住嘴、迈开腿，要勤奋锻炼，把肉甩掉才是成功的人生。这些看法，永远没法说它们不对，可它们严重影响了过去几十年全世界对抗肥胖的效果。好在有内行人士来解释肥胖到底是道德问题还是医学问题。浙江大学教授、80 后生物学家王立铭用科学证据，从两个方面说明了肥胖并不完全是个人选择和个人的意志问题。

第一个方面，这吃嘛嘛香、吃了能长肉是咱们动物赖以生存的法宝。在漫长的进化历史上，人类的祖先大多数时候吃了上顿没下顿，好不容易找点吃的，谁还不赶紧吃了把能量存起来，身上有点脂肪，那可是巨大的生存优势，赶上闹饥荒，胖子也耐饿啊。其实经过亿万年进化淘汰生存下来的地球人，正常来说，每个人都是天生的吃货或者吃货的后代。实验室里也证实了，从果蝇、老鼠到猴子，所有成功活下来的物种都是吃货，没有哪种动物会自觉抵抗美味佳肴，看到好吃的就想吃，吃饱了还得再补个点心那是进化本能。但是这种进化的优势在现代社会，麻烦可就大了。我们吃得比原始人多很多，可运动量却少多了。你想一想，人家整天跋山涉水、打猎求生，全是力气活儿，能胖到哪里去？到了咱们这儿，多吃不动，不断增长的脂肪就有点碍事了。

第二个方面，调节食欲的大脑中枢受到饱和饿的双重信号控制，能够根据身体能量水平巧妙调节食欲。但是在已经出现肥胖问题的动物体内，下丘脑感知饱的信号的能力显著下降，说白了就是越胖的人越容易饿，饿了再一吃，吃了就容易胖，越胖就……就恶性循环了。所以，贪吃虽然是一种进化的本能，在某些情况下也是一种病理性的神经生物学现象。

说起来好像挺简单，但其实肥胖的问题挺复杂。20 世纪 50 年代的时候，美国杰克逊实验室的研究人员偶然在黑老鼠中发现了两只异常肥胖的小胖墩。怎么就胖成这样了？还能不能瘦？科学家科曼一辈子就研究这两只胖耗子了。他用实验说明了：动物能分泌一种抑制食欲的物质，这种物质通过血液进入下丘脑里起作用。要是少了这种物质或者对它不敏感，那这老鼠就会吃起来没够，胖得没边儿。

可这位老先生并没有研究出这种物质究竟是什么，另一位科学家弗里德曼接着寻找。苦苦寻找了 8 年，他终于找到了这种神奇的食欲抑制因子，起了一个响当当的名字——瘦素。瘦素来自白色的脂肪组织，白色脂肪组织通过分泌和释放瘦素，能够掌控身体的新陈代谢。人们就此似乎看到了解决肥胖问题的曙光，但瘦素被发现后的这 20 多年来并没有解决这个问题。随着科技的发展，脂肪组织越来越多的隐藏功能也被慢慢揭示出来。

脂肪组织是一架生机勃勃的生命机器，通过各种途径积极参与身体的健康和疾病的过程。比如，可以调节食欲，影响身体对外来病菌的抵抗，影响身体发育，甚至影响生殖系统。脂肪组织本身就能分泌许多发挥重要功能的信号分子。脂肪组织这么重要，这么有能耐，怎么这胃口和体形还会失控呢？千辛万苦发现的瘦素怎么没有彻底解决肥胖的问题呢？还有，这脂肪是怎么在血管里来回溜达，走累了还能堆在血管里休息的？那多危险啊！

对此，科学家们并没有停止研究。咱们身边的胖子只有极少数是先天性缺乏瘦素，而绝大多数是在复杂的内外因素共同作用下越来越胖的，比如吃得太多，运动太少，压力太大、精神紧张等。不夸张地说，就连在家害怕你爸爸，都有可能让你变胖。

1977 年，世界卫生组织率先承认，肥胖是一种疾病。那么，如何治疗肥胖呢？减肥药靠谱吗？在美国和欧洲市场，有一种减肥药叫奥利司他，可以有效阻止外周的脂肪酶工作，也就是说只在肠子里起作用，阻止脂肪的分解，让脂肪不能吸收，而且这是唯一一种可以非处方购买的美国药监局批准的正经减肥药。可是你想啊，你吃了这么多油，又不让它被吸收，那它只好拂袖而去。轻者还好，也就是出恭的时候油乎乎的，但多了的时候，那可是挡都挡不住啊，这画面不敢想象……而且近年来，这种药相关副作用的报道也相继出现，有必要重新考虑减肥药物的安全性了。

推荐阅读书目

《吃货的生物学修养：脂肪、糖和代谢病的科学传奇》
著者：王立铭

本书教我们怎么去思考和分辨关于吃的是是非非：如果一个东西被认为有保健功效或威胁健康，那么得先看看是否提供了三个基本方面的证据：流行病学的证据、科学研究的证据、临床医学的证据。作者讲述了曲折动人并振奋人心的科学发现，能激发我们对自身的好奇和对自然的敬畏。

《身体真相：科学、历史和文化如何推动我们痴迷体重》
著者：[美]哈里特·布朗
译者：张敬婕

本书指导人们用正确的观念看待自己的体重，揭开体重和健康的“真相”，戳破减肥谣言，倡导一种治疗饮食失调的新方法。保持健康、合理的体重，能帮助你了解并爱上自己的身体。

图书在版编目（CIP）数据

司空不见惯：剥开洋葱里的层层世界 / 李峥嵘著. —北京：
中国工人出版社，2020.6
ISBN 978-7-5008-7416-4

Ⅰ. ①司… Ⅱ. ①李… Ⅲ. ①科学知识—普及读物 Ⅳ. ①Z228

中国版本图书馆CIP数据核字（2020）第087893号

司空不见惯：剥开洋葱里的层层世界

出 版 人	王娇萍
责任编辑	孟 阳
责任印制	栾征宇
出版发行	中国工人出版社
地 址	北京市东城区鼓楼外大街45号 邮编：100120
网 址	http://www.wp-china.com
电 话	（010）62005043（总编室）
	（010）62005039（印制管理中心）
发行热线	（010）62005996 82029051
经 销	各地书店
印 刷	三河市东方印刷有限公司
开 本	880毫米×1230毫米 1/32
印 张	7.125
彩 插	12页
字 数	151千字
版 次	2020年7月第1版 2021年3月第3次印刷
定 价	55.00元

本书如有破损、缺页、装订错误，请与本社印制管理中心联系更换